Edition Maritim

Ralf Schröder

HURTIGRUTEN KYSTRUTEN

ERLEBNISREISE auf der Route der norwegischen Postschiffe

Edition Maritim

Alle in diesem Buch enthaltenen Angaben und Daten wurden von dem Autor nach bestem Wissen erstellt und von ihm sowie vom Verlag mit größtmöglicher Sorgfalt überprüft. Gleichwohl können wir keinerlei Gewähr oder Haftung für die Richtigkeit, Vollständigkeit und Aktualität der bereitgestellten Informationen übernehmen.

Wir hoffen, dass Ihnen dieses Buch viel Freude bereitet. Falls Sie Anregungen haben sollten, was wir in Zukunft noch besser machen können, schreiben Sie uns bitte an reiselektorat@delius-klasing.de. Korrekturen veröffentlichen wir im Interesse aller Leser unter www.delius-klasing.de auf der jeweiligen Produktseite.

Bibliografische Information der Deutschen Nationalbibliothek
Die Deutsche Nationalbibliothek verzeichnet diese Publikation in der Deutschen Nationalbibliografie; detaillierte bibliografische Daten sind im Internet über http://dnb.dnb.de abrufbar.

5. aktualisierte und erweiterte Auflage
ISBN 978-3-667-11945-2

Das Titelmotiv zeigt den Geirangerfjord. Auf der Buchrückseite ist die HAVILA POLARIS zu sehen.

Fotos: Ralf Schröder, mit Ausnahme von
Umschlagvorderseite (Montage aus Adobe Stock/Aleh Alisevich & AdobeStock/Ivan Kmit)
Umschlagrückseite (Adobe Stock/Gunnar E Nilsen)
Seite 22 (Hurtigrutemuseet)
Seite 31 (Adobe Stock/Gunnar E Nilsen)
Seite 33 (mauritius images/Asbjorn M. Olsen)
Seite 91 (Shutterstock/Dynamoland)
Seite 96 (Hurtigrutemuseet/Bjørn Eide)
Seite 124 (Shutterstock/Mu Yee Ting)
Seite 125 (Shutterstock/Shin Okamoto)
Karten und Pläne: Kenneth Dittmann, Buchholz-Holm; Planstelle Rademacher
Schiffszeichnungen: Planstelle Rademacher
Lektorat: Dr. Sigrun Künkele
Umschlaggestaltung: Jörg Weusthoff, www.wundrdesign.de
Layout und Lithografie: comwedo GmbH, Bielefeld
Druck und Bindung: PrintBest OÜ, Estland
Printed in Estonia 2024

Delius Klasing Verlag GmbH, Siekerwall 21, D - 33602 Bielefeld
Tel.: 0521/559-0, Fax: 0521/559-115
E-Mail: info@delius-klasing.de
www.delius-klasing.de

Inhalt

Einleitung

Die norwegische Postschiffroute ist unvergleichlich! Das ist kein Werbeslogan, sondern die Wahrheit: Weltweit gibt es keinen Liniendienst über 2500 Seemeilen, der seit 1893 ununterbrochen existiert. Was für eine Tradition und was für Entfernungen! Die Kulisse der norwegischen Küste macht eine Reise mit den Postdampfern ebenso unvergesslich.

Ein Reise mit den Schiffen von Hurtigruten und Kystruten ist keine Kreuzfahrt und das ist gut so. Gegründet wurde Hurtigruten als schnelle Schifffahrtsroute für den Transport von Waren und Passagieren zwischen Nordnorwegen und den Städten Westnorwegens. Touristen aus aller Welt haben Hurtigruten erst später als eine originelle Mitfahrgelegenheit auf einem Frachtschiff entdeckt. Weltweit stieg die Zahl der Liebhaber der norwegischen Postdampfer, lange bevor man auf irgendwelchen Internetportalen »Fan« werden konnte.

Postdampfer, ja, das waren die Schiffe auch. Bevor die Post per Flugzeug in den hohen Norden kam, nahmen die Hurtigrutenschiffe diese Funktion wahr. Bis heute dürfen sie die norwegische Postflagge am Heck führen, auch wenn sich die Zahl der transportierten Postsäcke stark reduziert hat.

Einer der Beinamen dieser Linienverbindung war »Reichsstraße Nummer 1«. Man stelle sich die Zeit um

Willkommen an Bord von Hurtigruten.

Unter den schneebedeckten Gipfeln wirken die Hurtigrutenschiffe klein.

1950 vor, die allgemeine Motorisierung steckte in Europa noch in den Kinderschuhen. Das Straßennetz in Norwegen war dünn und beschränkte sich weitgehend auf den Süden des Landes. Zerklüftet durch hohe Berge und tiefe Fjorde war und ist der Straßenbau eine Herausforderung für Mensch und Maschinen.

Für Norwegen war der Wasserweg über Jahrhunderte der schnellste und effektivste Weg. Der Golfstrom hält die Küste im Winter eisfrei, die Häfen sind erreichbar. Schaut man sich eine Landkarte von Norwegen an, stellt man schnell fest, dass alle größeren Städte an der Küste liegen oder zumindest Zugang zum Meer haben. Ausnahmen sind nur Lillehammer und die ostnorwegische Bergbaustadt Røros. Oslo, Bergen, Trondheim, Stavanger, Fredrikstad, Tromsø – alle bedeutenden Städte liegen am Meer oder an einem Fjord. Ein Liniendienst zwischen Süd- und Nordnorwegen war die logische Konsequenz. Im Zeitalter der Dampfschiffe wurde es möglich, Fahrpläne aufzustellen, die unter Segeln nie zuverlässig einzuhalten gewesen wären.

Von der Gründung bis zum Zweiten Weltkrieg war Hurtigruten eine innernorwegische Verbindung, die von Touristen selten genutzt wurde. Mit der ersten neuen Schiffsgeneration hat sich dies ab den 1950er-Jahren Stück für Stück geändert. Die entscheidende Weichenstellung erfolgte 1993: Seither sind die Schiffe größer und bieten Urlaubern alle Annehmlichkeiten moderner Fährschiffe, ja fast schon kleiner Kreuzfahrtschiffe. Trotz dieser Konzeptänderung an Bord blieben die Hurtigrutenschiffe, was sie immer waren: Schiffe eines Liniendienstes für Passagiere und Fracht entlang der norwegischen Küste mit täglichen Abfahrten. Zwischen einer Reise mit Hurtigruten und einer Kreuzfahrt gibt es deutliche Unterschiede: Für die Kreuzfahrtschiffe spricht, dass sie tiefer in einige Fjorde hineinfahren, während Hurtigruten weitgehend dem Verlauf der Küste folgt. Doch zwischen diesen Stippvisiten bewegen sich die Kreuzfahrtschiffe auf offener See; die Hurtigrutenschiffe fahren hingegen direkt an der Küste, geschützt durch Inseln. So bringen sie den Passagieren die Landschaft ganz nah. Eine Woche auf einem Kreuzfahrtschiff bedeutet meist fünf bis sechs Hafenanläufe, bei Hurtigruten sind es von Bergen bis Kirkenes 36 Häfen. Auf dem Kreuzfahrtschiff bleibt man unter sich, bei Hurtigruten steigen Passagiere zu und wieder aus, wird Fracht per Gabelstapler an Bord gebracht und einige Häfen später entladen – es herrscht ein völlig anderer Rhythmus als auf einem Kreuzfahrtschiff. Ob Hurtigruten wirklich die »schönste Seereise der Welt« ist, wie ein Werbeslogan lange behauptete, mag jeder selbst beurteilen. Auf jeden Fall ist eine Reise dem Liniendienst weltweit einmalig.

Wie alles begann

Das norwegische Innenministerium schrieb 1892 die Lizenz für eine postführende Expresslinie zwischen Trondheim und der Region Finnmark aus. Im Sommer sollte sie bis Hammerfest oder Vadsø gehen, im Winter bis Tromsø oder Hammerfest.

Seit 1865 gab es zwar bereits Liniendienste von Trondheim nach Hammerfest, die von der Reederei Det Nordenfjeldske Dampskibsselskab aus Trondheim und ihrer Rivalin aus Bergen, Det Bergenske Dampskibsselskab, mit staatlichen Zuschüssen betrieben wurden. Aber durch das Anlaufen von 58 Ortschaften waren die Schiffe lange unterwegs. Zudem wurde nur tagsüber gefahren, da es zu wenige Leuchttürme gab und die Strecke deshalb schlecht befeuert war.

1881 hatte Kapitän Richard With zusammen mit Kaufleuten von der Inselgruppe Vesterålen eine kleine Reederei gegründet, die Vesteraalens Dampskibsselskab. Sie wollten ihren Fisch selbst gen Süden transportieren und nicht von den Reedereien aus Trondheim und Bergen abhängig sein. Auf ihren Fahrten nach Bergen begannen Kapitän With und sein Lotse Anders Holte, den Kurs penibel aufzuzeichnen. Schon 1883 hatte Holte die halbe Strecke nach Bergen Minute für Minute erfasst: Wann muss der Kurs geändert werden? Welche Passagen zwischen Inseln hindurch ergeben einen Zeitvorteil? Holte und With optimierten den Kurs dermaßen, dass sie in der Lage waren, auch nachts zu fahren, obwohl an vielen Passagen immer noch Leuchttürme fehlten. Schon bald war die VESTERAALEN das schnellste Schiff zwischen Bergen und den Lofoten.

Dies blieb auch dem Innenministerium nicht verborgen. Der zuständige Regierungsrat Gran hatte selbst ein Fachbuch über Navigation verfasst und wusste deshalb die Leistung von With und Holte zu schätzen. Auf die Ausschreibung 1892 bewarb sich nur die Vesteraalens Dampskibsselskab, die beiden großen Reedereien zeigten kein Interesse, weil sie mit ihren bestehenden Strecken gutes Geld verdienten. With hingegen bot dem Innenministerium an, die Strecke von Trondheim nach Svolvær auf den Lofoten in 34 Stunden zurückzulegen, und zwar das ganze Jahr hindurch. Trotz aller Skepsis gegenüber diesem Versprechen erhielt die nordnorwegische Reederei einen dreijährigen staatlichen Vertrag inklusive jährlichen Zuschusses.

Am Sonntag, dem 2. Juli 1893, legte die VESTERAALEN in Trondheim morgens um 8 Uhr ab und erreichte Hammerfest am Mittwochmorgen um 3.30 Uhr. Sie hatte zwei Tage bis Tromsø gebraucht und kam in Hammerfest 30 Minuten vor der berechneten Zeit an. Während in Trondheim das Ablegen nahezu unbemerkt blieb, herrschte in Hammerfest Feststimmung am Hafen. Unbeeindruckt davon legte With um 7.30 Uhr wieder ab und machte sich auf die Rückreise. Hurtigruten war geboren.

Die frühen Jahre

Die Ausschreibung hatte zwei Abfahrten pro Woche vorgesehen, wozu ein zweites Schiff nötig war. Vesteraalens Dampskibsselskab besaß aber nur ein Schiff, was dafür nicht ausreichte. So kam es, dass Det Bergenske Dampskibsselskab und Det Nordenfjeldske Dampskibsselskab 1894 einen zweiten Vertrag erhielten, ebenfalls eine Expresslinie – eben Hurtigruten – zu betreiben. 1898 folgte der dritte staatliche Vertrag,

Bis heute weht die norwegische Postflagge am Heck.

den Det Bergenske Dampskibsselskab erhielt, doch dieses Mal begann die Strecke in Bergen und nicht in Trondheim, wie bei den anderen Verträgen. Ende des 19. Jahrhunderts gab es drei verschiedene Hurtigruten: von Bergen nach Hammerfest, von Trondheim nach Hammerfest und die sogenannte Finnmarks-Hurtigruten zweimal wöchentlich von Hammerfest nach Vadsø. Das war in der damaligen Zeit nicht ungewöhnlich: Det Bergenske Dampskibsselskab und Det Nordenfjeldske Dampskibsselskab betrieben im staatlichen Auftrag insgesamt sechs Postrouten, darunter auch die Stammroute von Hamburg über Kristiansand, Bergen, Trondheim und Hammerfest nach Vadsø. Aber diese Schiffe fuhren langsamer, fielen also nicht unter den Begriff Hurtigruten.

Es folgten weitere Verträge. Dabei wurde die bis heute gültige Streckenführung am 1. Oktober 1908 eingeführt. Seitdem fahren die Schiffe bis nach Kirkenes. Richard With war inzwischen nicht mehr als Kapitän tätig, sondern saß als Abgeordneter im Storting, dem norwegischen Parlament. Er griff noch zweimal in die Geschichte von Hurtigruten ein: 1912 sprach er sich erfolglos dafür aus, die Strecke von Bergen nach Newcastle über die Nordsee zu verlängern.

Wichtiger aber war der Erfolg einer ganz alten Petition: Schon 1875 hatte er sich dafür starkgemacht, die Risøyrinne vor den Vesterålen auszubaggern. 1922 war es endlich so weit und die Schiffe konnten nun von den Lofoten über die Vesterålen nach Harstad fahren, statt durch den südlich gelegenen Tjeldsund. Damit hatte sich die Anbindung der Vesterålen deutlich verbessert. Dieser Streckenverlauf wird bis heute benutzt.

Zu den Schwierigkeiten der frühen Jahre gehörte die ungleiche Tonnage: Nicht alle Schiffe, die auf Hurtigruten eingesetzt wurden, waren gleich schnell. Das langsamste Schiff bestimmte den Fahrplan. Rückschläge durch den Ersten Weltkrieg und die Weltwirtschaftskrise 1928 verlangsamten die Entwicklung des Liniendiensts. Ab dem 1. Juli 1936 gab es dann aber zum ersten Mal in der Geschichte tägliche Abfahrten ab Bergen. Nur noch zwei alte Schiffe aus den Jahren 1910 und 1895 waren unterwegs, die anderen wurden in den 1920er- und 1930er-Jahren neu gebaut.

Der nächste Rückschlag folgte bald: Im Zweiten Weltkrieg wurde die Flotte fast vollständig zerstört. Nur drei Schiffe waren 1945 zu Kriegsende noch einsatzbereit. Es war schwer, passende Schiffe zu finden. Hatte die Fahrzeit zwischen Trondheim und Hammerfest 1937 noch bei 65 Stunden gelegen, waren es 1947 volle 83 Stunden – welch ein Rückschritt für eine Expresslinie. Eine neue Flotte musste her.

Die goldenen Jahre

Mit dem Bau der neuen Schiffe wurden eine italienische Werft in Ancona und eine dänische Werft beauftragt. Insgesamt konnten zwischen 1949 und 1952 sieben neue Schiffe in Dienst gestellt werden. 1955/1956 freute sich die Hamburger Werft Blohm & Voss über den Auftrag für drei weitere Schiffe, von denen zwei bis heute erhalten sind: die FINNMARKEN als Museumsschiff in Stokmarknes und die NORDSTJERNEN, die im März 2012 ihre letzte Reise im Liniendienst machte und nun als Museumsschiff unter Denkmalschutz steht.

Der Straßenbau in Norwegen war nach wie vor schwierig, der Wasserweg die natürliche Verbindung: So erlebte Hurtigruten goldene Jahre. 570 000 Passagier reisten 1962 mit den Schiffen entlang der Küste, die höchste jemals erreichte Passagierzahl. Platz für Touristen gab es damals wenig, aber knappe Güter sind eben besonders begehrt: Und so ging der Ruf von Hurtigruten um die Welt.

Doch damit war der Höhepunkt überschritten, Hurtigruten geriet in

Von 1956 bis 2012 auf Hurtigruten unterwegs: die NORDSTJERNEN.

Konkurrenz zum Straßen- und Flugverkehr. Die Passagierzahlen sanken zunächst nur langsam. 1973 wurden erstmals weniger als 500 000 Passagiere gezählt, doch 1979 fiel die Zahl bereits unter 400 000 Gäste. Drei Jahre später waren es dann nur noch 277 000 Passagiere – eine dramatische Entwicklung für die erfolgsverwöhnten Reedereien.

Noch immer wurde Hurtigruten von bis zu fünf Reedereien als Gemeinschaftsdienst betrieben. Doch nun standen Veränderungen an: Det Bergenske Dampskibsselskab stieg 1979 aus, während Det Nordenfjeldske Dampskibsselskab 1985 durch Börsenspekulationen zerschlagen wurde. Damit waren zwei Gründungsmitglieder ausgeschieden. Vesteraalens Dampskibsselskab fusionierte mit Ofotens Dampskibsselskap aus Narvik, die regionale Reederei Troms Fylkes Dampskibsselskap aus Tromsø übernahm 1979 die Anteile von Det Bergenske Dampskibsselskab. Es waren unruhige Zeiten, in denen heftig über eine Neuausrichtung von Hurtigruten diskutiert wurde: Sollte es eine reine Frachtroute nur für den Norden werden? Oder sollte man stärker auf internationale Touristen setzen?

H wie Hurtigruten am Schornstein.

Die Neuausrichtung von Hurtigruten

Die drei neuen Schiffe, die Anfang der 1980er-Jahre in Dienst gestellt wurden, waren noch ganz dem Transportgedanken verhaftet. Bei den älteren Schiffen musste die Fracht per Ladebaum gelöscht werden; vier Autos fanden auf dem Vordeck Platz, wo sie dem ultimativen Salztest unterzogen wurden – das war nicht mehr zeitgemäß. Und so bekamen VESTERÅLEN, MIDNATSOL und NARVIK 1983 einen seitlichen Aufzug für Fahrzeuge und Fracht. Unabhängig von der Kaihöhe konnte so einfach und effektiv be- und entladen werden. Allerdings stellte sich schnell heraus, dass die Kabinenkapazität zu klein war. Bereits nach fünf Jahren wurden die drei Schiffe umgebaut und erhielten zusätzliche Decksaufbauten mit Kabinen und Salons. Die VESTERÅLEN ist bis heute noch in Betrieb.

Man dachte um bei Hurtigruten und der Staat, der Hurtigruten bis heute bezuschusst, billigte die Pläne, eine ganz neue Art von Schiffen einzusetzen. Zukünftig sollte es mehr Kapazität für Touristen geben, ohne auf Fracht und norwegische Passagiere zu verzichten. Man kann es auch so ausdrücken: Internationale Touristen

Historisches Treffen: Die TROLLFJORD von 2002 trifft die NORDSTJERNEN von 1956. Beide werden mittlerweile nur noch für Spitzbergenkreuzfahrten eingesetzt.

sollten helfen, diesen traditionsreichen Liniendienst am Leben zu erhalten.

1993 betrat mit der KONG HARALD das erste Schiff der neuen Generation die Bühne – gerade noch rechtzeitig zum 100. Geburtstag von Hurtigruten. Das Schiff wurde auf der Volkswerft Stralsund gebaut, wo auch die anschließend ausgelieferten Schwesterschiffe RICHARD WITH und NORDLYS entstanden. Neun neue Schiffe wurden zwischen 1993 und 2003 in Dienst gestellt. Die letzten waren TROLLFJORD und MIDNATSOL 2002 und 2003, die durch den gläsernen Aufzug in der Schiffsmitte und die doppelstöckigen Panoramasalons durchaus Kreuzfahrtambiente bieten.

Hurtigruten und Kystruten

Auf die regelmäßig stattfindende staatliche Ausschreibung der Strecke von Bergen nach Kirkenes und zurück bewarben sich 2004 mit OVDS aus Narvik und TFDS aus Tromsø nur noch zwei norwegische Reedereien gemeinsam, die auch den Zuschlag erhielten. Aufgrund schwacher Ergebnisse beschlossen die beiden Reedereien 2005, zu fusionieren. Als neuen Namen trug die Reederei ab März 2006 den Namen Hurtigruten ASA.

Von 1893 bis 2006 war Hurtigruten ein volkstümlicher Oberbegriff für alle Schiffe, die auf der »schnellen Route« zwischen Westnorwegen und dem hohen Norden unterwegs waren. Ab März 2006 war Hurtigruten der Name der Reederei, mit den dafür üblichen Schutzrechten für Markennamen. Das sollte Folgen haben, denn in den Ausschreibungen 2017 und 2018 kam für vier der insgesamt elf Abfahrten eine andere Reederei zum Zuge. Die Havila Holding mit Sitz im westnorwegischen Fosnavåg gewann mit ihrem Konzept von emissionsarmen Schiffen die Ausschreibung.

Historisch betrachtet ist es der Normalfall, dass mehrere Reedereien die Strecke zwischen Bergen und Kirkenes betreiben. Neu ist nun aber, dass nur eine davon Hurtigruten heißen darf, während sich die andere Reederei einen neuen Namen für die traditionsreiche Route suchen musste. Die Wahl fiel auf Kystruten, also »die Küstenroute«. Das ist in Norwegen verständlich, im Deutschen und anderen internationalen Sprachen jedoch ist die korrekte Aussprache »Schüsstruten« schwer vermittelbar.

Havila Kystruten sollte ab 2021 vier neu erbaute Schiffe in Dienst stellen. CAPELLA und CASTOR wurden bei einer Werft in der Türkei in Auftrag gegeben, POLARIS und POLLUX sollten in Spanien gebaut werden. Doch dann kam die Weltgeschichte ins Spiel: Zuerst ging die spanische Werft insolvent, dann kam die Covid-Pandemie, die sowohl Beeinträchtigungen im Schiffsbau als auch im Tourismus mit sich brachte. Die Rümpfe von POLARIS und POLLUX mussten von der Pleitewerft in Spanien in die Türkei geschleppt werden, wo statt zwei nun vier Schiffe entstanden. Das Ergebnis waren massive Verspätungen bei der Auslieferung der Neubauten.

Die HAVILA CAPELLA wurde im Dezember 2021 in Betrieb genommen, aber dann wurde es noch einmal schwierig, denn Teile der Schiffsfinanzierung waren durch russische Investoren erfolgt. Die Russlandsanktionen führten dazu, dass das Schiff vorübergehend die Betriebserlaubnis in Norwegen verlor. Erst nach erfolgter Umfinanzierung durfte die HAVILA CAPELLA ablegen. Im April 2022 folgte die baugleiche HAVILA CASTOR, 2023 wurden schließlich die HAVILA POLLUX und HAVILA POLARIS endlich fertig – mit zwei Jahren Verspätung. Doch das Warten hat sich gelohnt, denn alle vier Schiffe sind ausgesprochen schön geraten und deutlich moderner als die Hurtigrutenschiffe.

Hurtigruten, die vier der elf Abfahrten an den Mitbewerber verloren hat, hat deshalb einige Schiffe von der Strecke abgezogen. So können völlig neue Routen aufgelegt werden: Die TROLLFJORD von 2002 wird an der norwegischen Küste mit einem Abstecher nach Spitzbergen eingesetzt. Die MIDNATSOL von 2003 hat die Reederei in MAUD umbenannt – so hieß das Schiff von Roald Amundsen. Auch sie ist für Expeditionskreuzfahrten vorgesehen. Beide kommen aber auch hin und wieder als Ersatzschiffe auf der originalen Hurtigrutenstrecke zum Einsatz, wenn andere Schiffe ihre Werftliegezeiten haben. Die FINNMARKEN von 2002, vielleicht das schönste der Hurtigrutenschiffe, wurde 2021 in OTTO SVERDRUP umgetauft und führt Reisen ab Hamburg an die norwegische Küste durch – eine Reminiszenz an die legendäre Stammroute von Hamburg nach Bergen. Die Reederei Hurtigruten nutzt also ehemalige Linienschiffe für ähnliche Reisen entlang der norwegischen Küste, die allerdings nicht an einen festen Fahrplan gebunden sind.

Von den historischen Schiffen, die der Route entlang der Küste immer einen ganz besonderen maritimen Charme verliehen haben, ist nur noch die NORDSTJERNEN von 1956 im Einsatz; jedoch nicht an der norwegischen Küste, sondern rund um Spitzbergen. Die LOFOTEN von 1964 wurde 2021 an eine Stiftung in Kristiansand im Süden Norwegens verkauft.

Für Reisende, die früher bestenfalls an den Farben des Schornsteins erkennen konnten, mit welcher Reederei sie auf Hurtigruten unterwegs waren, ist die Auswahl schwieriger geworden. Auf der klassischen zwölftägigen Postschiffroute von Bergen nach Kirkenes und zurück fahren nun zwei Reedereien, die nicht wie einst zusammenarbeiten, sondern miteinander konkurrieren. Und nur eine von beiden darf Hurtigruten heißen, obwohl die Strecke dieselbe ist und seit 1893 einer staatlichen Lizenz bedarf. Der Fahrplan Tag für Tag ist bei beiden Reedereien absolut identisch. Wenn in diesem Buch also von Hurtigruten die Rede ist, bezieht sich der Begriff immer auf die Streckenführung und nicht auf den Markennamen der Reederei.

Praktische Tipps

Reisearten

Für Norweger ist Hurtigruten in erster Linie ein Transportmittel entlang der Küste und keine Kreuzfahrt. Für Touristen hingegen hat man Hurtigruten immer »am Stück« vermarktet: Über Jahrzehnte wurde nur die komplette Rundreise ab und bis Bergen angeboten. Das hatte auch mit der begrenzten Kapazität der Nachkriegsschiffe zu tun. Erst seit Mitte der 1990er-Jahre begannen die Reedereien, auch Teilstrecken

Die KONG HARALD *läuft abends den Hafen von Molde an.*

für Urlauber anzubieten, insbesondere von Bergen nach Kirkenes oder in die Gegenrichtung. Mit der neuen Schiffsgeneration, beginnend 1993 mit der RICHARD WITH, wurde gezielt auf Touristen aus aller Welt gesetzt, um die nun größeren Kapazitäten zu füllen. Norwegenurlauber haben heute die Wahl zwischen verschiedenen Reisen.

Nicht mehr als eine Schnuppertour ist der Kurztrip Trondheim–Bergen mit Bahnan- und -abreise via Oslo, wie ihn einige Reiseveranstalter im Programm haben. Dabei hat man eine Nacht an Bord, in die Gegenrichtung sind es zwei Nächte bis Trondheim. Das mag sinnvoll sein, wenn man sich nicht sicher ist, ob einem eine Schiffsreise grundsätzlich gefällt. Allerdings ist gerade dieses Teilstück nicht typisch für Hurtigruten, außerdem werden mit der Bucht Hustadvika und der Umrundung der Halbinsel Stadlandet zwei Streckenabschnitte passiert, auf denen es öfter raue See gibt. Wenn man jedoch auch Bergen und Oslo besuchen will und Hurtigruten nicht der Hauptreisegrund ist, geben solche Kurzreisen zumindest einen Eindruck.

Die halbe Rundreise von Bergen nach Kirkenes wird in der Regel als Pauschalreise mit Flug nach Bergen bzw. ab Kirkenes oder andersherum angeboten. Sieben Tage und sechs Nächte verbringt man dabei an Bord. Welche Richtung besser sei, ist eine oft gestellte Frage, die sich aber schwer beantworten lässt. Es werden fast dieselben Häfen angelaufen, bis auf zwei Ausnahmen: Den Abstecher in den Geirangerfjord (Juni bis August) gibt es nur nordgehend und auch Vadsø an der Varanger-Halbinsel wird nur auf dem Weg nach Kirkenes angelaufen. Ansonsten sind die Häfen identisch, nur die Uhrzeiten unterscheiden sich. Viele Häfen, die nordgehend tagsüber angelaufen werden, werden südgehend nachts besucht – was auch umgekehrt gilt. Die nordgehenden Touren sind oft etwas besser gebucht, was am Besuch des Geirangerfjords, vielleicht aber auch an Tromsø und dem Nordkap liegen mag. Tromsø wird südgehend nachts angelaufen, der Ausflug zum Nordkap, den fast kein Gast verpasst, erfolgt in den frühen Morgenstunden statt nachmittags wie nordgehend. Der größte Vorteil der südgehenden Route ist die Passage durch den Raftsund auf dem Weg von Stokmarknes nach Svolvær auf den Lofoten mitten am Tag. Nordgehend wird der Raftsund nach Mitternacht passiert. Welche Richtung man auch bevorzugt, der Vorteil der halben Rundreise ist in erster Linie die Preis- und Zeitersparnis gegenüber der vollen Tour. Wer die volle Rundreise von Bergen bis Kirkenes und wieder zurück bucht, erlebt die norwegische Küste zweimal. Dadurch hat man als Gast die Möglichkeit, beinahe alle Häfen tagsüber zu sehen, entweder auf der nord- oder auf der südgehenden Route. Am zwölften Tag ist Bergen wieder erreicht; man verbringt also elf Nächte an Bord.

Bei den bisher genannten Touren handelt es sich um Pauschalreisen, die fast immer zusammen mit einem Anreisepaket angeboten werden. Man kann als Norwegenurlauber die Schiffe aber auch so benutzen, wie es die Norweger tun, nämlich als öffentliches Verkehrsmittel. Es spricht nichts dagegen, nur Teilstrecken zu buchen. Wer Nordnorwegen mit dem eigenen Auto besucht, weiß um die langen Distanzen bis zum Nordkap oder bis auf die Lofoten. Da liegt es nahe, eine Etappe an Land zu fahren und die andere per Schiff mit Hurtigruten zurückzulegen. Billig ist der Spaß allerdings nicht. Je nach Länge der Schiffsreise muss man pro Person im Vergleich zu Hotelübernachtungen an Land mit einem deutlichen Aufpreis an Bord rechnen.

Leider sind die Hürden hoch, nur eine Teilstrecke zu buchen. Für norwegische Kunden sind der Reedereien dazu verpflichtet, schließlich zahlt der norwegische Staat Millionenbeträge zur Unterstützung der Route. Für internationale Gäste bieten die Reedereien Reiseveranstaltern jedoch nur feste Teilabschnitte wie beispielsweise Tromsø–Trondheim an, ein Zustieg ist also nicht in jedem Hafen möglich. Das gilt auch bei einer Direktbuchung aus dem Ausland. Man müsste dafür daher wie ein Norweger buchen, beispielsweise in einem norwegischen Buchungsbüro.

Bei der Fahrzeugmitnahme stehen zudem technische Hürden im Weg, denn die Kapazität der Autodecks ist merklich geschrumpft. Die älteren Schiffe der Reederei Hurtigruten haben alle große Akkupacks bekommen, damit sie elektrisch und abgasfrei in den Geirangerfjord einfahren dürfen. Diese Akkupacks haben jedoch Ladekapazität gekostet. Die Autodecks werden zudem für Fracht benutzt, die auf diesem Weg einfacher in den hohen Norden kommt. Am einfachsten lassen sich die Teilstrecken deshalb als Fußpassagier buchen.

Anreise

Je nachdem, in welchem Hafen man zusteigen möchte, bieten sich verschiedene Anreisearten an. Da es diverse Möglichkeiten gibt, die verschiedenen Häfen mit öffentlichen Verkehrsmitteln zu erreichen, ist eine Anreise mit dem eigenen Fahrzeug nicht nötig.

Per Fähre

Es gibt drei sinnvolle Fährrouten für diejenigen, die mit Hurtigruten reisen möchten. Die norwegische Reederei Fjord Line verkehrt von Hirtshals in Norddänemark via Stavanger

Neue Passagiere steigen zu.

Gangway früher: Der Gabelstapler musste helfen.

nach Bergen in Westnorwegen. Die neuen Fjord-Line-Schiffe machen in Bergen am Hurtigrutenterminal fest, sodass man direkt da ist. Ob man bis Hirtshals mit dem eigenen Wagen anreist und ihn dort parkt oder ob man über Flensburg die Bahn nach Aalborg nimmt und dann den Bustransfer nach Hirtshals nutzt, bleibt einem selbst überlassen.
www.fjordline.de

Die Reederei Color Line betreibt die einzige Direktverbindung zwischen Deutschland und Norwegen auf der Strecke von Kiel nach Oslo. Von Oslo aus nimmt man dann die Bahn entweder nach Bergen oder nach Trondheim zum Schiff. Bevor man sich für diese Variante entschließt, sollte man den Fahrplan der Bergenbahn von Oslo nach Bergen der Norwegischen Staatsbahnen (Vy) kontrollieren. In den vergangenen Jahren kam es immer wieder vor, dass die Ankunftszeit von Color Line in Oslo (10 Uhr) nicht zur Abfahrt der Bergenbahn passte. Möglicherweise muss man eine Zusatznacht in Oslo einplanen.
www.colorline.de

Preisgünstiger, aber zeitintensiver ist die Route der Stena Line von Kiel nach Göteborg in Westschweden. Die Bahnanbindung von Göteborg nach Oslo führt über Karlstad. Wer ohnehin einen Tag in Oslo verbringen möchte und gern Bahn fährt, kann diese Route in Erwägung ziehen. www.stenaline.de

Per Flugzeug

Hurtigruten bietet im Sommer selbst Charterflüge nach Bergen und Kirkenes an, die preislich attraktiv sind. Linienflüge führen neben den bekannten Fluglinien Lufthansa und SAS auch die preiswerte norwegische Airline Norwegian (ab Hamburg, Berlin, Düsseldorf, München, Basel und Wien) durch, die viele Anschlussflüge innerhalb Norwegens und ganz Skandinaviens bietet. Norwegian eignet sich besonders für preisbewusste Individualreisende.

LANDESDATEN VON NORWEGEN

Bevölkerungszahl:
5,312 Millionen

Staatsform:
Parlamentarische Monarchie

Hauptstadt:
Oslo

Fläche:
385 199 km²

Landessprachen:
Bokmål, Nynorsk, Samisch

Währung:
Norwegische Krone

Bevölkerungsdichte:
13 Einwohner pro km²

Nationalfeiertag:
17. Mai

SAS: www.flysas.com/de/
Norwegian: www.norwegian.com/de/

Per Bahn

Mit den norwegischen Staatsbahnen sind einige Häfen der Hurtigruten zu erreichen. Bergen ist über die sogenannte Bergenbahn mit Oslo verbunden, auch die Strecke Oslo–Trondheim bietet sich an. Wer die mehrtägige Bahnfahrt von Oslo über Trondheim bis nach Bodø auf sich nimmt, kann in Bodø an Bord gehen. Über Schweden ist die Erzbahn von Kiruna nach Narvik im hohen Norden eine interessante Variante. Von Narvik kann man entweder die Schnellfähre nach Svolvær auf den Lofoten nehmen oder den Bus nach Harstad. Wer die nördlichen Bahnhöfe in Bodø oder Narvik wählt, sollte aus Komfortgründen Zwischenstopps einlegen. Bezieht man zudem das innernorwegische Fernbusnetz von Norway Bussekspress mit ein, ist fast jeder Hurtigrutenhafen mit öffentlichen Verkehrsmitteln zu erreichen.
Norwegische Bahn: www.vy.no
Fahrpläne aller öffentlichen Verkehrsmittel: www.ruteinfo.no
Fernbusse: www.nor-way.no

Sprache

Norwegen hat zwei Amtssprachen: Bokmål (etwa: die Buchsprache) und Nynorsk (Neunorwegisch). Nynorsk wird von etwa 10 bis 15 Prozent der Bevölkerung gesprochen. Daneben gibt es zahlreiche Dialekte, die vor allem in Westnorwegen sehr stark ausgeprägt sind. Regionalmuseen beschriften ihre Exponate gern in der Dialektschreibweise, sodass der

Eindruck entsteht, in Norwegen könne eigentlich jeder schreiben, wie er will. Das stimmt so zwar nicht, aber die Variationsbreite ist schon deutlich größer als in Deutschland. Dies ist auch Ausdruck des stark ausgeprägten Regionalismus in Norwegen.

WORTSCHATZ – DIE WICHTIGSTEN BEGRIFFE

Guten Tag	Hei bzw. God dag
Gute Nacht	God natt
Auf Wiedersehen	Ha det bra (wörtlich: Mach es gut)
Danke	takk
Danke für das Essen	Takk for maten (übliche Umgangsformel am Ende einer Mahlzeit)
Bitte	Vær så god (wörtlich: Seien Sie so gut)
Ja	ja
Nein	nei
Entschuldigung	Unnskyld
Eisenbahn	Jernbane
Bahnhof	Jernbanestasjon
Schiff	Båt
Hurtigrutenanleger	Hurtigrute-terminalen
Taxi	Taxi
Bus	Buss
Arzt	Lege
krank	syk
Welle	Bølge
Sturm	Storm
Frühstück	Frokost
Mittagessen	Lunsj
Abendessen	Middag
geschlossen	stengt

Im Norden des Lands ist Samisch in Kommunen mit einem großen Anteil samischer Bevölkerung Amtssprache.
Der bestimmte Artikel wird im Norwegischen an das Substantiv angehängt:
en dag – ein Tag, dagen – der Tag
en kone – eine Frau, kona – die Frau
et vindu – ein Fenster, vinduet – das Fenster
Hurtigruten ist also nicht der Plural, wie man im Deutschen leicht denken könnte, sondern die bestimmte Form von Hurtigrute, dialektal auch Hurtigruta.
Und wie werden norwegische Wörter nun ausgesprochen? Als kleine Aussprachehilfe mag folgende Aufstellung dienen:
Å spricht sich wie ein O in Ofen, Båt also wie im Deutschen Boot.
Aa ist die alte Schreibweise von å, wird also genauso ausgesprochen.
O wird häufig fast wie ein U ausgesprochen.
Ø entspricht dem deutschen Ö.
Sj spricht sich wie sch.
Y entspricht weitgehend dem deutschen Ü.

Mit Englisch kommt man überall gut durch, denn sehr viele Norweger sprechen gut Englisch. Auf den Linienschiffen sind Norwegisch und Englisch die Bordsprachen. Es gibt natürlich auch einzelne Mitarbeiter, die Deutsch sprechen, aber längst nicht alle. Jedoch ist immer ein Deutsch sprechender Reiseleiter an Bord.

Währung und Bezahlen

Die Norwegische Krone wird international NOK abgekürzt, im Land sind aber eher die Abkürzungen kr oder nkr üblich. Es sind Münzen zu 1, 2, 5, 10 und 20 Kronen in Umlauf, Øre-Münzen gibt es nicht mehr. Die gängigsten Geldscheine sind die zu 20, 50, 100 und 200 Kronen. An Geldautomaten bekommt man gelegentlich auch 500-Kronen-Scheine.

Bezahlt wird in Norwegen sehr viel mit Kreditkarte, auch kleinere Beträge können fast immer mit Kreditkarte beglichen werden. Dabei sind MasterCard und Visa am stärksten verbreitet, American Express wird ebenfalls oft akzeptiert, während Diners Club selten zu sehen ist. Achtung! Oft benötigt man zur Kreditkarte den PIN-Code, Zahlungen mit Unterschrift auf dem Bon gibt es nicht mehr.

Deutsche, österreichische oder Schweizer Bankkarten (EC-Karten) werden beim Einkaufen in der Regel nicht akzeptiert. Man kann damit aber wie zu Hause Bargeld am Geldautomaten abheben. Allerdings ist Bargeld inzwischen so gut wie überflüssig. Man kann prima zwei Wochen Urlaub in Norwegen machen, ohne einen Schein oder eine Münze anzufassen. Geldautomaten heißen in Norwegen Minibank, man findet sie aber immer seltener, weil die bargeldlose Zahlung üblich ist. Immer mehr Restaurants sind »kontantfri«, also ohne Barzahlung.

Wer im Land Bargeld tauschen will, kann die Wechselstuben von Forex nutzen, die es in Oslo, Stavanger, Bergen und Trondheim an Bahnhöfen und Flughäfen gibt. www.forex.no

Bordwährung auf den Schiffen ist die Norwegische Krone.

Luxus der Nachkriegsjahre: im Salon der FINNMARKEN *von 1956.*

Telefonieren und Internet

Die Vorwahl von Norwegen ist +47 bzw. 0047. Es gibt mehrere Mobilfunknetze, die große Teile Norwegens abdecken, an der Küste aber längst nicht alle. Sie werden daher möglicherweise nicht immer ein Netz haben. Vorsicht, Seefunkverbindungen können teuer sein. Wenn es nicht unbedingt sein muss, sollte man besser bis zum nächsten Hafen warten.

Sitten und Gebräuche

Es gibt einige Besonderheiten im öffentlichen Leben, die man als Tourist kennen sollte. So ist die freie Platzwahl in einem Restaurant eher die Ausnahme als die Regel. Steht am Eingang des Restaurants ein Stehpult, wird der Tisch durch den Oberkellner, den Hovmestere, zugewiesen. Auch wenn das Stehpult nicht besetzt ist, tut man als Gast gut daran zu warten, bis man entweder das Zeichen bekommt, sich einen Tisch auszusuchen oder man den Tisch angewiesen bekommt.

In Deutschland ist es meist so, dass man (je nach Beruf) tagsüber bei der Arbeit eher formale Kleidung trägt, während am Abend gern legere Freizeitkleidung getragen wird. In Norwegen ist das eher umgekehrt: In vielen Berufen ist legere Kleidung am Arbeitsplatz normal, jedoch kleidet man sich gern festlich-formal beim abendlichen Ausgehen. Besonders auffällig ist der Unterschied bei Silvesterfeiern.

Wenn in Norwegen gefeiert wird, ob Hochzeit oder Geburtstag, ist das Singen von Trinkliedern üblich. Es ist unglaublich, wie groß das Liedrepertoire vieler Norweger ist.

Ein Rauchverbot besteht in Norwegen nicht nur in Restaurants, sondern auch in öffentlichen Räumen. Es wird allgemein beachtet, und wer sich nicht daran hält, wird schief angesehen. Ähnlich verhält es sich mit dem Konsum von Alkohol in der Öffentlichkeit, auf den hohe Strafen stehen. Es ist regional und saisonal unterschiedlich, wie rigoros dieses Verbot durchgesetzt wird. Im Sommer ist die Polizei an der Küste sehr auf die Beachtung bedacht, da oft Bootsunfälle mit betrunkenen und nicht nur jugendlichen Bootsführern passieren. Wenn man auf einer Wanderung im Fjell seinen Flachmann für einen Schluck herausholt, wird jedoch niemand etwas sagen. Als Tourist sollte man dieses Verbot zumindest kennen und eine gewisse Sensibilität für die Frage entwickeln.

Essen und Trinken

Es gibt in Norwegen zwei traditionelle Küchen, beide Richtungen sind eher einfach: Fisch an der Küste, Fleisch, insbesondere Schaf im Inland. Bis weit in die 1990er-Jahre hinein wurde die heimische Küche im Land wenig geachtet, Ziel war es oft, international zu sein. Eine Bäckerei musste wieninspiriert sein, ein Gourmetlokal natürlich französisch inspiriert. Das hat glücklicherweise ein Ende gefunden und die Norweger haben sich auf die Stärken ihrer heimischen Rohwaren besonnen. Die Spitzengastronomie konnte bei Kochweltmeisterschaften Erfolge feiern, und langsam kommt

Norwegenkarte mit den Häfen auf dem Sonnendeck der TROLLFJORD.

dieses Qualitätsdenken auch in der Alltagsgastronomie an. Nicht immer und überall, aber doch erfreulich oft. Zu den traditionellen Gerichten gehört Spekemat, eine kalte Platte mit luftgetrocknetem Schinken und Wurstspezialitäten. Dazu gibt es Rühreí, das in Norwegen entweder kalt oder höchstens lauwarm serviert wird. Rømmegrøt ist ein sehr gehaltvolles Essen: Dazu wird saure Sahne aufgekocht und Mehl untergerührt. Das sich absetzende Fett wird abgeschöpft. Mit Zucker und Zimt bestreut, ist Rømmegrøt sehr lecker, aber schon ein normal gefüllter Teller reicht als volle Mahlzeit. Dieses Gericht wird nur selten in Restaurants angeboten, am ehesten findet man es in bewirtschafteten Berghütten.

Dass an der Küste viel Fisch auf den Tisch kommt, versteht sich von selbst. Touristen wird gern Zuchtlachs serviert, traditionell auf den Lofoten ist aber gedünsteter Dorsch mit Kartoffeln und Gemüse. Stockfisch, der nichts anderes als an der Luft getrockneter Dorsch ist, wird man in Norwegen nur selten auf Speisekarten finden. Er ist für den Export in katholische Länder, insbesondere Italien und Portugal, gedacht.

In Nordnorwegen, vor allem auf den Lofoten und in Tromsø, steht auch Walfleisch auf der Speisekarte. Dies ist natürlich ein hochkontroverses Thema: Die Nordnorweger betonen immer wieder, dass sie keinen industriellen Walfang betrieben, sondern nur mit kleinen Schiffen Küstenwalfang mit klar geregelten Quoten, und auch nur Walarten fingen, die nicht vom Ausstreben bedroht seien. Das Hauptargument aber ist, das man in Nordnorwegen immer von und mit dem Meer gelebt hat. Der

Leckereien auf dem Fischmarkt von Bergen.

Walfang ist ein Stück kulturelle Identität, bei dem man sich nicht von Ländern dreinreden lässt, die Atomkraftwerke bauen und Massentierhaltung zulassen. Wer sich als Mitteleuropäer in Nordnorwegen auf eine Diskussion über Walfang einlässt, bekommt die eigenen nationalen Sünden oft mit enormer Heftigkeit um die Ohren gehauen. Übrigens: Walfleisch hat etwa eine Konsistenz wie Rindfleisch und wird mit einer dunklen (Pfeffer-) Soße gegessen. Der Geschmack hat wenig mit Fisch zu tun.

Moltebeeren wachsen nur in wenigen Teilen des Lands und gelten als Spezialität. Wenn man Glück hat, werden die gelben, himbeergroßen Beeren als Nachtisch warm zu Eis serviert. Dieses Angebot sollte man nicht ausschlagen.

Zum Essen wird meist eine kostenlose Karaffe Wasser auf den Tisch gestellt. Dabei handelt es sich um Leitungswasser, das fast immer gut schmeckt, sodass es nicht unbedingt nötig ist, zusätzlich Mineralwasser zu bestellen. Dafür ist der Bierpreis in Norwegen für viele deutsche Urlauber ein Thema. Wenn das Bier dann noch wie in England mit wenig Druck gezapft wird und ohne Krone daherkommt, schäumt zumindest der Gast. Dabei gibt es in Norwegen gute Biere, das bekannteste ist Ringnes. Lysholmer aus Trondheim lässt sich auch gut trinken, ebenso das Bier von Nordlands Bryggeri. In Tromsø braut Mack das nördlichste Bier der Welt, was allein schon deshalb gern als Souvenir gekauft wird.

Weine werden in Norwegen ausschließlich über die staatliche Monopolgesellschaft eingekauft, die damit zu den weltweit größten Käufern von Wein gehört. Sieht man von den erschreckend hohen Preisen ab, ist die Qualität durchweg in Ordnung. Man kann sich also bedenkenlos Husets vin, den Wein des Hauses, bestellen. Aus Preisgründen dominieren südafrikanische und südamerikanische Weine.

Das heimliche Nationalgetränk nach dem Essen ist für Norweger nicht Aquavit, sondern Kaffee. Touristen mit empfindlichen Mägen seien gewarnt: Was in Norwegen teilweise nach dem Abendessen an Kaffee ausgeschenkt wird, macht die Nacht zum Tag. Nach einem festlichen Mahl ist die Kombination Kaffee und Cognac üblich.

Sicherheit

Generell ist die Sicherheit in Norwegen hoch. Aber in Großstädten wie Oslo und Bergen gibt es genauso Kriminalität wie in anderen europäischen Städten. Hier kommen Autoaufbrüche ebenso vor wie Taschendiebstähle oder Beschaffungskriminalität des örtlichen Drogenmilieus. Die üblichen Sicherheitsvorkehrungen reichen aber völlig aus: Gepäck nicht unbeaufsichtigt lassen, Wertsachen nicht zur Schau stellen, Handtaschen nicht im Restaurant über die Stuhllehne hängen usw. Auf dem Lande ist das Risiko

Die LOFOTEN *im Geirangerfjord.*

eher als sehr niedrig einzuschätzen. An Bord der Linienschiffe passiert ebenfalls wenig bis nichts, aber man sollte im Hinterkopf haben, dass es sich um ein öffentliches Verkehrsmittel handelt.

Klimazonen

Von der Südspitze Norwegens bei Kap Lindesnes bis zum Nordkap sind es rund 2500 Kilometer Fahrstrecke. Wenn man sich diese Entfernung bewusst macht, wird deutlich, wie unterschiedlich das Wetter auf einer Reise entlang der norwegischen Küste sein kann. Es handelt sich in weiten Teilen um eine Westküste, der Wind treibt vom Atlantik her Wolken nach Norwegen, die dann auf rund 2000 Höhenmeter steigen müssen. Ein mildes, maritimes Klima mit Niederschlägen ist die Folge. Bergen in Westnorwegen hat einen denkbar schlechten Ruf, was das Wetter angeht. Rund 2400 Millimeter Niederschlag im Jahr sind mehr als doppelt so viel wie München (900 Millimeter) oder Hamburg (890 Millimeter). Aufgrund des milden Küstenklimas fällt dabei im Winter eher selten Schnee, dafür kann es umso stärker regnen. Frühjahr und Sommer in Bergen sind jedoch deutlich besser als der Ruf der Stadt.

Ohnehin muss man konstatieren, dass es in Fjordnorwegen oft ein stark regionales Wetter gibt. Setzt sich eine Wolke in einem Fjord fest, regnet es dort zwei Tage. Fährt man aber hinauf ins Fjell, kann es gut sein, dass über 600 Höhenmetern die Wolke endet und man herrlichsten Sonnenschein erlebt. Dann liegt die Regenwolke unter einem im Fjord wie ein freundlicher Wattebausch. Wenn aber die Sonne richtig scheint, entsteht schnell eine fast mediterrane Atmosphäre an den Fjorden. Im Sommer liegen die Temperaturen zwischen 15 und 25 Grad, in Ausnahmefällen auch mal höher.

Der norwegische Wetterbericht unterteilt das Wetter in Fjordnorwegen grundsätzlich in das südlich und das nördlich von Stad. Damit ist die Halbinsel Stadlandet gemeint, auf der sich das Westkap in den Nordatlantik schiebt. Die Halbinsel bildet eine Wetterscheide.

Auch wenn bei Ørnes der Polarkreis überquert wird, weist Nordnorwegen mehrere Klimazonen auf. Die Inselgruppen der Lofoten und Vesterålen liegen exponiert im Nordmeer, stürmisches, wechselhaftes Wetter ist eher der Normalfall. Trotzdem sind Temperaturen bis 28 Grad im Sommer möglich, in der Regel sind 15 bis 25 Grad zu erwarten.

Tromsø bietet im Sommer oft gutes Wetter, denn durch die geschützte Lage können hier auch höhere Temperaturen erreicht werden. Je näher man dem Nordkap kommt, umso schwieriger lässt sich das Wetter einschätzen. Anfang August sind 8 bis 18 Grad normal, es kann aber auch kurze Schneeschauer oder mehr als 20 Grad geben.

Der letzte Teil der Route führt nach Osten. Vardø und Kirkenes liegen etwa so weit östlich wie Istanbul! Das macht deutlich, dass sich hier noch einmal das Klima ändert. Für die Varanger-Halbinsel mit den Häfen Vardø und Vadsø gelten August und September als die trockensten, schönsten Monate.

Die vielleicht schönste Seereise der Welt.

Aber auf einer Distanz von 2500 Kilometern wird das Wetter nur sehr selten überall sonnig oder verregnet sein. Rechnen Sie mit allem zwischen 5 und 30 Grad, mit Sonne und Regen oder gar Schneeschauern. Der Satz »Es gibt kein schlechtes Wetter, nur verkehrte Kleidung« könnte tatsächlich für Norwegen erfunden worden sein.

Reisezeit

Der Sommer ist die beliebteste Reisezeit für Reisen entlang der Küste. Alle wollen die Mitternachtssonne sehen und im Juni reisen. Deshalb sind dann auch die Preise am höchsten. Der Juni ist aber vom Wetter her keineswegs der beste Monat. Eine gute Alternative sind Mai und August. Dann ist statistisch betrachtet die Regenwahrscheinlichkeit am niedrigsten, die Tage sind schon (noch) sehr lang und die Mitternachtssonne ist (teilweise) zu sehen.

Die Übergangsjahreszeiten sind kürzer als in Mitteleuropa. Je weiter man nach Norden kommt, umso kürzer sind Frühling und Herbst. Im April liegt auf den Bergen noch Schnee, die Skisaison endet vielerorts erst Mitte April. In Lappland bricht das Eis der großen Flüsse erst im Mai. Der Winter beginnt dort oben bereits im Oktober, während im Süden des Lands oft bis Dezember auf Schnee gewartet werden muss.

Eine winterliche Seereise entlang der Küste ist deutlich günstiger als im Sommer. Allerdings schränkt die Kürze der Tage die Sicht auf die schöne Küste natürlich schon ein. Zudem kann das Wetter durchaus mal so ungemütlich sein, dass einzelne Häfen nicht angelaufen werden können. Faszinierend ist es, wenn man das Polarlicht sehen kann. Man sollte sich aber darüber im Klaren sein, dass nördlich des Polarkreises die Sonne rund um den kürzesten Tag des Jahrs zwischen vier und acht Wochen den Horizont nicht überschreitet. In Tromsø beispielsweise endet die Dunkelzeit erst Mitte Januar. Dunkelzeit bedeutet übrigens nicht, dass es den ganzen Tag völlig finster ist, es gibt eine lange Dämmerung von etwa 11 bis 15 Uhr.

Besser für Winterreisen geeignet ist der März. Sobald die Tag- und Nachtgleiche am 21. März überschritten wird, ist der Norden im Vorteil – bis zum 21. September.

Mitternachtssonne

Nördlich des Polarkreises (66,5 Grad nördlicher Breite) verschwindet die Sonne im Sommer nicht mehr hinter dem Horizont, sondern bleibt (zumindest theoretisch) sichtbar. Je nach Breitengrad zeigt sich die Mitternachtssonne unterschiedlich lange, je nördlicher, desto länger ist der Zeitraum.

Bodø:	4. Juni bis 8. Juli
Lofoten:	28. Mai bis 15. Juli
Tromsø:	20. Mai bis 22. Juli
Nordkap:	12. Mai bis 31. Juli

Leider ist es oft so, dass Wolken um Mitternacht den Blick auf die Sonne verstellen. Das mag diejenigen trösten, die außerhalb der Zeit der Mitternachtssonne reisen. Richtig dunkel wird es aber auch vor und nach diesem Zeitraum um Mitternacht nicht, das Erlebnis der hellen Sommernächte hat man also deutlich länger als zu den oben genannten Zeiten.

Im Lichte des Nordens.

Die Kehrseite der Medaille ist die Dunkelzeit, die rund um den 21. Dezember ähnlich lang andauert wie die Mitternachtssonne um den 21. Juni. Das bedeutet, in Bodø erstreckt sie sich etwa über einen Monat, in Tromsø hingegen über zwei Monate.

Die Schiffe

Welches Schiff ist das richtige für mich? Diese Frage ist nicht mehr so einfach zu beantworten, denn die beiden Reedereien setzen recht unterschiedliche Schiffstypen ein. Und bei der Reederei Hurtigruten ist der Bestand an Schiffen größer als der Bedarf für die klassische Postschiffroute, wo sie sieben der elf Abfahrten übernehmen. Zur Erinnerung: Der komplette Umlauf von Bergen nach Kirkenes und zurück nach Bergen dauert zwölf Tage. Da der Ankunftstag des Schiffes in Bergen gleichzeitig der Ablegetag für die folgende Fahrt ist, kommen insgesamt elf Schiffe zum Einsatz. Hurtigruten hat aus den Zeiten, als sie die staatliche Lizenz für alle elf Touren hatten, elf geeignete Schiffe. Die Reederei kann also während der jährlichen Werft-

Das möchte jeder sehen: Mitternachtssonne in Nordnorwegen.

liegezeiten oder bei unerwarteten Reparaturen Schiffe viel einfacher tauschen, während Havila Kystruten mit vier vorhandenen Schiffen auch vier Abfahrten bedienen muss.

Grundsätzlich bestimmt der kleinste Hafen die maximale Größe der Schiffe. Deshalb haben die Schiffe unabhängig von der Reederei alle etwa die gleiche Länge und Breite. Zudem müssen sie den im Winter manchmal harschen Wetterbedingungen an der norwegischen Küste gewachsen sein. Das sind allesamt keine Schönwetterkreuzfahrtschiffe, sondern solide, stabile Schiffe für das Nordpolarmeer.

Die Reederei Hurtigruten stellt sieben Schiffe und hat sich dabei für den etwas älteren Teil der eigenen Flotte entschieden. Dazu gehören die drei Schiffe, die 1993/1994 auf der damaligen Volkswerft Stralsund entstanden: RICHARD WITH, KONG HARALD und NORDLYS. Diese drei Schiffe sind nahezu baugleich und wurden mehrfach renoviert. Zur folgenden Generation gehören NORDKAPP (1996), POLARLYS (1996) und NORDNORGE (1997), die allesamt in Ulsteinvik an der norwegischen Westküste gebaut wurden. Sie sind eine Weiterentwicklung der vorherigen Generation und gelten als die leiseren Schiffe.

Etwas aus dem Rahmen dieser sehr ähnlichen Schiffe fällt die VESTERÅLEN von 1983. Auf von diesem Schiffstyp wurden in den frühen 1980-Jahren drei Exemplare gebaut. Sie waren konzeptionell stärker auf das Thema Fracht ausgelegt, was sich sehr schnell als Fehler herausstellte. Denn es gab schlicht zu wenig Kabinen. So wurde die VESTERÅLEN zusammen mit ihren beiden Schwesterschiffen umgebaut. Dabei wurde mittschiffs ein Deck hinzugefügt, und achtern wurde auch ausgebaut. Äußerlich ist das Schiff keine Schönheit, aber die wechselnden Besatzungen im Laufe der Jahre haben immer probiert, den »Makel« durch Service und gutes Essen wettzumachen. Auf der VESTERÅLEN bekommen Gäste das ursprünglichste Erlebnis der klassischen Postschiffroute. Nicht mehr im regelmäßigen Liniendienst steht die ehemalige FINNMARKEN von 2002, die in OTTO SVERDRUP umgetauft wurde. Otto Sverdrup war

Hier kommt die HAVILA POLLUX *gerade bei ihrer Jungfernfahrt am 1. September 2023 in Brønnøysund an.*

der Kapitän des Polarschiffes FRAM auf der Nordpolexpedition von Fridtjof Nansen. Sie fährt unter anderem ab Hamburg Teile der Postschiffroute, lässt jedoch Häfen aus und hat längere Liegezeiten pro Hafen. Sie gilt unter Liebhabern von Hurtigruten immer noch als eines der schönsten Schiffe. Die baugleichen TROLLFJORD und MIDNATSOL von 2002/2003 werden als Kreuzfahrtschiffe eingesetzt, teils an der norwegischen Küste und teils rund um Spitzbergen. Die MIDNATSOL wurde 2021 in MAUD umbenannt – so wie eines der Expeditionsschiffe von Roald Amundsen hieß. Dass Schiffe umbenannt werden, geschieht normalerweise nur bei einem Besitzerwechsel oder wenn ein neuerer Nachfolger mit gleichem Namen in Dienst gestellt wird. Die Umbenennung der FINNMARKEN und der MIDNATSOL diente in erster Linie dem Marketing und soll unterstreichen, dass man auch Kreuzfahrten in polare Gewässer anbietet.

Zur Flotte gehört auch noch die historische NORDSTJERNEN, die 1956 bei Blohm & Voss in Hamburg gebaut wurde. Sie wird überwiegend für Spitzbergenkreuzfahrten eingesetzt, kehrt aber hin und wieder noch als Ablöser auf die Postschiffroute zurück, was jedes Mal einen Ansturm auf die Tickets auflöst: Mehr Tradition geht nicht! Das Rasseln des Ankers bei engen Wendemanövern, das Beladen mit dem Bordkran, die holzgetäfelten Salons bilden den Rahmen für eine maritime Zeitreise.

Den modernen Gegenpart bilden die vier Schiffe von Havila Kystruten. Den Zuschlag des norwegischen Staats bekam die Reederei aus der Region Sunnmøre unter anderem, weil sie besonders umweltfreundliche Schiffe plante. Der Antrieb erfolgt mit Erdgas statt mit Marinediesel oder Schweröl, was den CO2-Ausstoß um etwa ein Viertel senkt. Zudem verfügen sie über sehr große Batterien, die für bis zu vier Stunden Betrieb

Die POLARLYS läuft den Hafen von Svolvær auf den Lofoten an.

Die HAVILA CAPELLA *in Bergen.*

ohne Emissionen reichen. In den Häfen können sie Landstrom beziehen. Technisch zählen HAVILA CAPELLA, HAVILA CASTOR, HAVILA POLLUX und HAVILA POLARIS derzeit zu den umweltfreundlichsten Schiffen weltweit. Das helle, freundliche Interieur überzeugt mit skandinavischem Design.

Kabinen

Zwei Reedereien und vier verschiedene Schiffsgenerationen sind auf der Postschiffroute unterwegs. Da wird die Kabinenauswahl unübersichtlich. Von der Buchung von Innenkabinen wird abgeraten, auch wenn sie den günstigsten Preis bieten. Denn die Aussicht auf die norwegische Küste ist schließlich der Grund, warum diese Reise gebucht wird. In den Salons ist nicht immer genügend Platz für alle Gäste, von daher macht eine Kabine ohne Fenster keinen Sinn. Und auch bei Seegang und eventueller Seekrankheit hilft der Blick nach draußen.

Polar Außenkabine heißt die Standardqualität bei Hurtigruten, bei Havila Kystruten nennt sich diese Kategorie Seaview Superior, die wahlweise mit Doppelbett oder zwei Einzelbetten buchbar ist. Bei Havila sind diese Kabinen 15 Quadratmeter groß, bei Hurtigruten acht bis zwölf Quadratmeter. Wichtig ist bei beiden Reedereien, ob man das Oberdeck oder das Unterdeck bucht. Bei gleicher Kabinengröße unterscheiden sich die Kabinen durch ein oder zwei Bullaugen (Unterdeck) oder ein Fenster (Oberdeck).

Die nächsthöhere Kategorie Arktis Außenkabine Superior bei Hurtigruten liegt auf dem Oberdeck, bietet aber auch nicht mehr als zwölf Quadratmeter Fläche, während die Seaview Deluxe bei Havila Kystruten mit bis zu 30 Quadratmetern mehr als doppelt so groß sind. Um so viel Platz auf den Hurtigrutenschiffen zu bekommen, muss man eine Expedition Suite buchen. Havila Kystruten bietet in dieser Größe zudem die

Die TROLLFJORD *kurz vor dem Auslaufen in Trondheim.*

Kategorien Panoramic Superior und Panoramic Deluxe sowie Balkonkabinen. Man merkt deutlich, dass die modernen Havilaschiffe viel stärker auf touristische Bedürfnisse hin konstruiert wurden als die Hurtigrutenschiffe, die im Grundkonzept als eher nüchterne Linienschiffe gebaut wurden und erst durch mehrfache Renovierung auf einen sehr guten Standard gebracht wurden – aber die Kabinen werden dadurch eben nicht größer.

Nicht alle Menschen werden als Seebären geboren: Bei der Wahl der Kabine sollte man die Jahreszeit und die eigene Seefestigkeit mit in die Wahl einfließen lassen. Auch wenn die Route oft geschützt durch Inseln unter Land verläuft, so gibt es doch auch immer wieder Passagen auf offener See. Ein Liniendienst wie auf der Postschiffroute fährt so lange, bis Häfen nicht mehr angelaufen werden können, auch wenn es stürmt und bläst. Stürmisches Wetter kann also vorkommen, aber im Unterschied zu einer Kreuzfahrt dreht der Kapitän nicht bei oder ändert die Route, um das Tief zu umgehen. Je tiefer die Kabine liegt, umso weniger schaukelt es, wenn das Schiff rollt – für Landratten: sich seitlich bewegt. Und eine Kabine mittschiffs statt im Bug oder achtern hilft, wenn das Schiff stampft – also der Bug sich stark hebt und senkt. Wer empfindlich auf Seegang reagiert, sollte bei der Buchung probieren, eine Kabine in der Mitte des Schiffs auf Deck 5 zu bekommen. Das gilt für alle Schiffe beider Reedereien mit Ausnahme der VESTERÅLEN, die eine andere Decksaufteilung hat.

Die schönste Aussicht haben die teuren Panoramic- und Balkonkabinen von Havila Kystruten. Aber sie liegen vorn im Schiff weiter oben auf Deck 7. Damit bieten sie nicht nur einen hervorragenden Blick auf die Küste, sondern auch eine Garantie auf viel Gischt und kräftiges Stampfen, wenn der Wellengang mal höher sein sollte. Es gibt somit neben der Größe und Ausstattung der Kabinen weitere

Aspekte, die man nicht völlig außer Acht lassen sollte, insbesondere bei Reisen im Herbst und Winter. Spezialisierte Reisebüros helfen, die Kabine in der passenden Lage zu finden.

Kleidung

Sie befinden sich auf einem Schiff in nördlichen Breiten, was eine gewisse Grundausstattung nötig macht. Dazu gehören ein wärmender Fleecepullover, ein wind- und regendichter Anorak und eine Mütze für den Aufenthalt an Deck. Wenn Sie sich viel an Deck aufhalten wollen, können auch eine wind- und regendichte Hose sowie ein paar solide, rutschfeste Schuhe sinnvoll sein, die auch auf Landausflügen gute Dienste leisten. Eine Reise mit Hurtigruten ist keine Kreuzfahrt, auf Abendgarderobe kann getrost verzichtet werden. Wer mag, zieht sich zum Abendessen um. Ein Sakko für den Herrn reicht völlig aus, bereits die Krawatte ist eher unüblich. Cocktailkleider oder Abendkleider sind deplatziert und können zu Hause bleiben. Bitte bedenken Sie, dass die Schiffe für norwegische Reisende ein ganz normales Verkehrsmittel sind. Außerdem entspricht die Größe der Schränke in den Kabinen nicht Kreuzfahrtstandard, der Platz ist begrenzt. Insofern sollte man bei der Wahl der Kleidung zuerst praktische Gesichtspunkte bedenken. Den unterschiedlichen klimatischen Anforderungen wird man am ehesten mit dem Zwiebelprinzip gerecht, sprich mehrere Lagen übereinander, die je nach Bedarf an- oder ausgezogen werden können.

Die Standardkabinen verfügen zwar über Schränke, die aber nicht so groß sind, dass man den Inhalt eines Überseekoffers darin unterbringen könnte. Nehmen Sie lieber zwei kleine als einen großen Koffer, weil sich kleine Koffer meist unter ein Bett schieben lassen. Es bringt Ihnen auch niemand Ihr Gepäck in die Kabine.

Beim Einlaufen in einen neuen Hafen sind die meisten Gäste an Deck.

Mahlzeiten

Es gibt an Bord eine Cafeteria, ein Restaurant und eine Bar. Wer Hurtigruten als Pauschalreise bucht, wird meistens Vollpension gewählt haben. Das ist auch ratsam, weil die Preise an Bord doch kräftig an der Reisekasse nagen. Das Restaurant befindet sich auf den Hurtigrutenschiffen ab Baujahr 1993 achtern auf Deck 4, bei den vier Havilaschiffen achtern auf Deck 6. Nur die VESTERÅLEN hat das Restaurant auf Deck D im Frontbereich. Im Restaurant gibt es Frühstück, Lunch und Middag, wie das warme Abendessen in Norwegen heißt.

Wer die Schiffe nur für eine Teilpassage nutzt und keine Mahlzeiten gebucht hat, kann an Bord zwischen dem (teuren) Restaurant und kleinen Gerichten in der Cafeteria wählen. Oder man nutzt den Landausflug und isst im Ort oder kauft sich im nächsten Supermarkt eine Kleinigkeit.

Frühstück gibt es im Restaurant von 7.30 bis 10 Uhr. Das Mittagsbuffet können Sie von 12 bis 14.30 Uhr besuchen, während das Abendessen in der Zeit von 18.30 bis 21 Uhr eingenommen werden kann. Bitte beachten Sie, dass das Abendessen bei voll gebuchten Schiffen in der Hochsaison manchmal in zwei Sitzungen stattfinden muss. Die Zeiten können je nach Anlauf eines Hafens leicht variieren. Abweichende Zeiten werden am Restaurant per Aushang bekannt gegeben. Die Cafeteria ist nahezu durchgehend geöffnet.

Gäste mit bestimmten Unverträglichkeiten oder besonderen Essenswünschen sollten diese bei der Buchung vorbestellen und sie sich am besten beim Betreten des Schiffs noch einmal bestätigen lassen. Vegetarische Alternativen sind in Norwegen inzwischen nahezu überall üblich. Wenn feste Menüs gereicht werden, sollte die Bedienung darauf aufmerksam gemacht werden.

Stolz weht die norwegische Postflagge am Heck.

Der VESTERÅLEN *sieht man den Umbau von 1988 deutlich an.*

Gesundheit

Im Unterschied zu Kreuzfahrtschiffen gibt es an Bord der Postschiffe keinen Arzt. Internationalen Bestimmungen zufolge hat jedoch immer wenigsten eine Person eine Sanitätsausbildung. Es gibt außerdem auf allen Schiffen eine Sanitätskabine für akute Fälle. Durch die Nähe zum Land und das regelmäßige Anlaufen von Häfen ist im Notfall ein Arzt an Land erreichbar. Zum nächsten Krankenhaus kann der Weg trotzdem weit sein, denn Norwegen ist ein dünn besiedeltes Land. Regelmäßig benötigte Medikamente sollte man unbedingt von zu Hause mitbringen. Sonnencreme gehört aufgrund der starken UV-Strahlung auf dem Meer (auch bei bedecktem Himmel) unbedingt ins Reisegepäck.

Geräuschkulisse

Die Hurtigrutenschiffe sind rund um die Uhr im Einsatz und befördern eben auch Fracht. Wenn nachts Häfen angelaufen werden, fahren Gabelstapler über den Kai oder bringen Fracht bis ins Schiff. Je nach Lage der Kabine können Geräusche vom Autoaufzug oder von der Maschine zu hören sein. Einerseits macht genau dies den Charme einer Reise mit Hurtigruten aus, denn es ist eben keine Kreuzfahrt. Wer jedoch darüber vorher nicht informiert wurde, mag die Geräusche als störend empfinden. Einfachste Lösung: Wer auf Geräusche empfindlich reagiert, sollte darüber nachdenken, Ohrstöpsel mitzunehmen. Als Faustregel kann gelten: Je älter das Schiff, umso weniger wurde Wert auf die Dämmung von Wänden gelegt.

Panoramasalon

Alle Schiffe ab Baujahr 1993 haben vorn einen Panoramasalon mit Sicht in drei Richtungen. Natürlich sind die Plätze hier ähnlich begehrt wie in Spanien die Liege am Pool. Die Unsitte, Plätze schon frühzeitig durch Strickzeug oder Jacken zu belegen, gibt es auch an Bord. Norweger sind in diesem Punkt aber sehr pragmatisch: Jacken ohne Inhalt brauchen keine Aussicht. Man wartet eine Anstandsfrist ab, ob der Inhaber vielleicht nur einen Drink oder Kaffee an der Bar holt. Kommt er nicht wieder, wird die Jacke zur Seite gelegt und der Sessel benutzt.

Was auch nicht gut ankommt, sind Gäste, die auf den schönsten Aussichtsplätzen schlafen, ein Buch lesen oder sichtbar kein Interesse an der Aussicht haben. Diese Gäste dürfen gern auch die zweite Reihe nutzen.

Landgang

In nahezu jedem Hafen kann man an Land gehen und sich die Füße vertreten. Nur in einigen wenigen kleinen Häfen ist die Zeit dafür zu kurz. An der Gangway steht immer ein Schild mit der Abfahrtsuhrzeit – und die wird auch eingehalten! Kurz vor dem Ablegen gibt das Schiff noch einmal Signal, dann muss man sich sputen. Die Schiffe warten nicht auf verspätete Gäste. Angesichts der großen Entfernungen kann ein Taxi zum nächsten Hafen sehr, sehr teuer werden. Hier heißt es also wirklich auf die Uhr schauen und pünktlich zurück sein!

Landausflüge

Beide Reedereien bieten zahlreiche organisierte Landausflüge an. Einige können ganzjährig gebucht werden, viele sind aber saisonal auf das Winter- oder Sommerhalbjahr beschränkt. So kann man neben der Schiffsreise auch das Land kennenlernen. Was wohl kaum jemand auslässt, ist die dreistündige Bustour von Honningsvåg zum Nordkap. Hervorzuheben ist auch die Bootstour zum Gletscher Svartisen, die zwischen Ørnes und Bodø angeboten wird. Hier können Seeadler beobachtet werden.

In den vergangenen Jahren ist vor allem die Zahl der Winteraktivitäten bei den Landausflügen gestiegen. So sollen die Winterreisen aufgewertet werden. Fahrten mit Snowmobilen, Rentier- oder Hundeschlitten in Nordnorwegen sprechen ein jüngeres Publikum an, auch weil ein gewisser Grad an Kondition erforderlich ist. Gerade für diese Aktivitäten sei der März nochmals als Reisemonat empfohlen, weil die Temperaturen nicht mehr so harsch sind wie noch im Januar.

Es gibt durchaus Häfen, in denen Zeit genug ist, sich auf eigene Faust Dinge anzuschauen, beispielsweise nordgehend in Trondheim (Aufenthalt vier bis sechs Stunden) oder nordgehend in Tromsø (Aufenthalt vier Stunden), wo das Schiff mitten im Zentrum festmacht. Es muss also keineswegs alles im Voraus gebucht werden.

Bitte beachten Sie, dass die Angebote der Reedereien von Jahr zu Jahr unterschiedlich sein können und Änderungen unterliegen. Für manche

Angebote muss eine Mindestteilnehmerzahl erreicht werden, damit sie durchgeführt werden. Alle Angaben zu den Landausflügen sind ohne Gewähr. Bitte erkundigen Sie sich vor der Reise, welche Landausflüge aktuell angeboten werden. Wenn Sie an Bord buchen möchten, muss dies in der Regel spätestens am Vortag erfolgen.

Fahrzeug an Bord

Die meisten Hurtigrutenschiffe wurden einst mit 50 Autoplätzen gebaut. Die Reduktion auf 35 Plätze war der Fracht geschuldet, die auch weiterhin befördert wird. Die Umrüstung auf einen Hybridantrieb mit Batterien zur emissionslosen Fahrt in den Geirangerfjord kostete ebenfalls Platz. So bleiben die wenigen verbliebenen Autoplätze – je nach Schiff sind es acht bis zwölf Plätze – an Bord meistens norwegischen Gästen vorbehalten, die die Postschiffe weiter als Transportmittel nutzen können. Denn genau dafür lizenziert der norwegische Staat die Postschiffroute und zahlt Zuschüsse. Touristen werden die Autoplätze nicht angeboten, auf Nachfrage können sie aber gebucht werden, sofern es Platz gibt.

Die vier Havilaschiffe haben jeweils neun Autoplätze, die ausschließlich auf der halben Rundreise gebucht werden können. Das bedeutet, dass man entweder von Kirkenes nach Bergen oder anders herum ein Auto mitnehmen kann, jedoch nicht auf anderen Teilstrecken. Für beide Reedereien gilt, dass das Fahrzeug zwischen den Zielhäfen nicht bewegt werden kann. Auf den Lofoten schnell mal einen Ausflug mit dem eigenen Auto zu machen, ist also nicht möglich.

Da die Kaianlagen unterschiedlich hoch sind, verfügen die Schiffe über einen seitlichen Fahrzeugaufzug. Die Reihenfolge des Beladens wird durch den Zielhafen bestimmt.

Bei so vielen Häfen gehört schon eine ausgeklügelte Logistik dazu, die Fahrzeuge in die richtige Reihenfolge zu bringen. Die Fahrzeugschlüssel müssen deshalb beim Ladeoffizier abgegeben werden, damit die Autos von den Mitarbeitern bei Bedarf rangiert werden können.

Wertsachen

Mit Ausnahme von wenigen Suiten gibt es keine Safes in den Kabinen. Wertsachen können auf Wunsch im Schiffssafe gelagert werden. Sprechen Sie dazu die Mitarbeiter an der Rezeption an.

Trinkgelder

Hurtigruten ist keine Kreuzfahrt, es gibt keine festgelegten Trinkgeldsätze. Jeder Gast kann daher frei entscheiden, ob und wem er wie viel Trinkgeld gibt.

Wäscherei

Bei einer zwölftägigen Reise gibt es möglicherweise den Wunsch, zwischendurch einmal Wäsche zu waschen. Die neueren Schiffe haben einen Waschraum mit Waschmaschine, Trockner und Bügeleisen.

N
Norwegen
Kristiansund
Ålesund
Bergen
NORWEGISCHE SEE
Ålesund
Torvik
Westkap
Hjørund-
fjord
Urke
Måløy
Nordfjord
Florø
Balestrand
Sognefjord
Bergenbahn
Hardanger-
fjord
Bergen

Fjordnorwegen

Norwegens Fjorde sind weltweit berühmt. Geologisch betrachtet gibt es an der kompletten Küste des Nordlands von Oslo bis in den hohen Norden nach Kirkenes Fjorde. Als Fjordnorwegen werden jedoch nur vier Regionen bezeichnet: Rogaland, Hordaland, Sogn og Fjordane sowie Møre og Romsdal. Bis auf Rogaland im Südwesten mit seiner Hauptstadt Stavanger werden die Häfen an der Küste Fjordnorwegens den Postschiffen angelaufen. In diesen vier Regionen liegen die größten und bekanntesten Fjorde, darunter der Hardangerfjord, der Sognefjord und der Geirangerfjord. Die Reisenden sehen von den Fjorden jedoch recht wenig, weil der Grundgedanke von Hurtigruten der einer schnellen Linienverbindung für Fracht in den Norden war und nicht ein buntes Besuchsprogramm für Touristen.

Der Abstecher in den Geirangerfjord, der seit April 2000 im Sommerhalbjahr gemacht wird, ist eine Konzession an die internationalen Urlauber an Bord. Es ist der einzige der großen Fjorde Westnorwegens, den Gäste ganz aus der Nähe sehen. Der Geirangerfjord wird in den Monaten Juni bis August angelaufen. Seit wenigen Jahren folgt neu in den Monaten September und Oktober der Anlauf des benachbarten Hjørundfjords, ebenfalls von Ålesund aus. In den Monaten November bis Mai verlängert sich die Liegezeit in Ålesund, die beiden Abstecher in die Fjorde entfallen.

Die Küste Fjordnorwegens steht ganz im Zeichen interessanter Städte: Bergen, Ålesund und Kristiansund werden angelaufen. Zu den landschaftlichen Höhepunkten zählen neben dem Geirangerfjord (nordgehend) noch das Westkap, das aber nord- wie südgehend nur nachts umrundet wird, sowie der breite Romsdalsfjord bei Molde.

Bergen

Abfahrt nordgehend:
Tag 1, **20.30 Uhr**
Ankunft südgehend:
Tag 12, **14.45 Uhr**

Norwegens zweitgrößte Stadt ist ein eigenes Reiseziel. Wer die Möglichkeit hat, hier im Rahmen seiner Reise ein oder zwei Tage zusätzlich zu verbringen, kann sich die Hansestadt Bergen in Ruhe erschließen. Bergens historisches Zentrum liegt rund um die Bucht Vågen. Bryggen, das einstige Hanseviertel am Hafen mit seinen bunten Holzfassaden und den dahinter liegenden Speichern, ist der größte Touristenmagnet. Die Håkonshalle aus dem 13. Jahrhundert und die Festung Bergenshus befinden sich in unmittelbarer Nähe.

Historie

Wenn Bergen heute gern mit dem Titel Hansestadt wirbt, so ist das historisch nicht korrekt: In Bergen gab es wie in London ein bedeutendes Kontor der Hanse, aber ein stimmberechtigtes Mitglied der Hanse war Bergen zu keinem Zeitpunkt. Das Verhältnis

Stadtplan Bergen

Das ehemalige Hanseviertel Bryggen mit seinen bunten Holzhäusern.

zwischen den Bergensern und den deutschen Kaufleuten war keineswegs konfliktfrei. Die Handelsprivilegien der Hanse wurden erst 1284 durch eine Seeblockade des Hafens erzwungen. Im Hanseviertel am Hafen galt das Lübische Recht, im Rest der Stadt dänisches Recht, denn Norwegen wurde von 1397 bis 1814 in Personalunion von Kopenhagen aus regiert. Das Verhältnis der dänischen Könige zur Hanse war immer angespannt, denn man rang mehrere Jahrhunderte um die Vorherrschaft im Ostseeraum.

Der Rosenkrantzturm von 1562.

Unter der dänischen Herrschaft wurde Bergen, das von 1217 bis 1299 immerhin die Hauptstadt Norwegens war, nicht besonders gefördert. Es verwundert nicht, dass in Bergen der Widerstand gegen die Statthalter des dänischen Königshauses in Oslo besonders stark war. 1769 zählte Bergen nur rund 18 000 Einwohner, heute sind es über 250 000.

Landgang

Die Bucht Vågen mit den Sehenswürdigkeiten und der Anleger der Postschiffe sind durch die Halbinsel Nordnes voneinander getrennt. Der Weg ins Zentrum ist zu Fuß machbar, aber es geht recht steil bergauf und wieder bergab. Mit Gepäck ist der Fußweg nicht zu empfehlen, da er teilweise über altes Kopfsteinpflaster und Treppen führt. Oberhalb der Straße Strandkaien hat man einen schönen Blick auf Bryggen.

Sehenswertes

Selbstverständlich muss an erster Stelle das Hanseviertel Bryggen genannt werden. Die ältesten Häuser stammen aus dem Jahre 1702, wurden also erst nach der Hansezeit gebaut, jedoch im Stil der vorherigen Jahrhunderte: vorn die Büros und Wohnungen der Kaufleute, dahinter die Speicher und Lagerhäuser. Immer wieder haben Stadtbrände die Holzhäuser heimgesucht, zuletzt verwüstete 1955 ein großer Brand das Viertel. Danach wurde allen Ernstes überlegt, das Viertel abzureißen und völlig neu zu bebauen. Heute steht das historische Ensemble als UNESCO-Welterbe unter Schutz. Wie die Häuser im Inneren aufgebaut sind, lässt sich gut im Hanseatischen Museum erkennen.

Bergen, so heißt es, ist umgeben von sieben Bergen – auch wenn es de facto mehr sind. Für Gäste am einfachsten zu erreichen ist der Fløyen, auf den eine Standseilbahn hinaufführt. Oben gibt es eine Aussichtsterrasse mit weitem Blick über die Stadt und die vorgelagerten Inseln sowie ein Ausflugsrestaurant. Die Bergstation ist ein guter Ausgangspunkt für Wanderungen. Der gut 200 Meter höhere Ulriken ist durch eine Gondelbahn mit der Stadt verbunden. Im Sommer bringen einen Busse von

TIPP

Wer am Bahnhof ankommt und keinen Transfer zum Schiff gebucht hat, stellt sein Gepäck am besten in ein Schließfach. Vom Bahnhof kann man am See Lungegårdsvannet vorbei bequem und eben ins historische Zentrum spazieren. Für den Weg mit Gepäck vom Bahnhof zum Schiff ist ein Taxi zu empfehlen, zu Fuß ist der Weg für die meisten wohl zu weit.

Der Flughafen Bergen-Flesland liegt außerhalb der Stadt. Flughafenbusse verbinden Flesland mit dem Zentrum, sie halten auch an einigen größeren Hotels. Die Fahrt mit dem Bus ist deutlich günstiger als ein Taxi.

Kaffeepause vor den Hansehäusern.

der Touristinformation im Zentrum zur Gondelbahn.

Außerhalb des Zentrums liegt die Stabkirche Fantoft, die 1992 durch Brandstiftung zerstört, anschließend aber originalgetreu wieder aufgebaut wurde. Sie ist diejenige Stabkirche, die am nächsten an der Hurtigrutenstrecke liegt, alle anderen sehenswerten Stabkirchen befinden sich weiter im Inland. Zu den beliebten Ausflugszielen gehört auch Troldhaugen, das Haus des Komponisten Edvard Grieg und seiner Frau Nina. Leider ist Troldhaugen so gut besucht, dass Touristen nur in geführten Kleingruppen durch das ehrwürdige Wohnhaus geschleust werden. In der Nebensaison oder gegen Abend ist es meist ruhiger. Im benachbarten und eigens für die Besucher erbauten Saal werden kleine Konzerte gegeben. Sowohl Fantoft als auch Troldhaugen sind mit dem

In den Speichern von Bryggen.

Das hanseatische Museum.

Bus oder im Rahmen eine Stadtrundfahrt zu erreichen.

Sehenswert am Stadtrand ist Gamle Bergen: Was aussieht wie ein alter Stadtteil ist ein städtisches Freilichtmuseum, in dem erhaltenswerte Häuser wieder aufgebaut wurden. Einen ähnlichen Eindruck bekommt man auch in einigen Gassen auf der bereits angesprochenen Halbinsel Nordnes, nur dass die Häuser dort noch bewohnt sind.

An Museen lohnen noch – je nach Interessenslage – das Seefahrtsmuseum, das Aquarium sowie Bryggens Museum, das archäologische Ausgrabungen im Hanseviertel zeigt. Wer sich für Kunst interessiert, sollte die Rasmus Meyer Samlinger nicht verpassen, dort hängen auch einige Werke von Edvard Munch, Norwegens berühmtestem Maler.

Der Fischmarkt im Zentrum ist Geschmackssache. Zeitweise gab es dort kaum noch Fisch, dafür aber jede Menge Ramschsouvenirs. Inzwischen ist die Zahl der Fischstände wieder gestiegen; es gibt rustikale Bänke, an denen man sein Fischbrötchen oder einen Krabbenteller verzehren kann, so man denn Platz bekommt. Die Zahl der Souvenirstände wurde etwas zurückgedrängt. Es soll Einheimische geben, die hier ihren Fisch kaufen, aber die überwältigende Mehrheit der Besucher sind ausländische Touristen, besonders von den Kreuzfahrtschiffen.

Ausflüge

Es gibt eine Tagestour namens »Norway in a nutshell«, die mit der Bahn nach Voss führt und von dort mit dem Bus nach Gudvangen. Von Gudvangen geht es per Schiff durch den Nærøyfjord und den Aurlandsfjord, zwei der schönsten Fjorde Westnorwegens und UNESCO-Welterbe, nach Flåm. Von Flåm bringt einen die Flåmsbahn, Europas steilste Normalspurbahn, hinauf nach Myrdal, wo in den Zug zurück nach Bergen umgestiegen wird. Die Reise dauert etwa acht Stunden und gibt einen ausgezeichneten Eindruck von der Enge der Fjorde. Für eine Aktivversion nimmt man den Zug von Oslo bis Finse, dem höchstgelegenen Bahnhof der Bergenbahn, und radelt bis Flåm, um dann per Schiff, Bus und Zug nach Bergen zu gelangen.

Florø

Abfahrt nordgehend:

Tag 2, **4.45 Uhr**

Abfahrt südgehend:

Tag 12, **8.30 Uhr**

Wenn das Schiff abends in Bergen abgelegt hat, führt der Kurs zunächst einmal durch die Inselwelt, vom offenen Meer ist wenig zu sehen. Florø wird in den frühen Morgenstunden erreicht, nordgehend werden die meisten Gäste den kleinen Ort wohl verschlafen. Auch südgehend bleibt nicht genug Zeit für einen Landgang. Ein Spaziergang durch das Zentrum ließe sich in weniger als 30 Minuten bewerkstelligen, denn Florø ist klein.

Seit 1860 hat Florø Stadtrechte, die Gemeinde – die weit größer ist als der Ort – zählt 8555 Einwohner. Die Dimensionen in Norwegen sind eben anders. Die Stadt wurde 1860 gegründet, um die seinerzeit starke Heringsfischerei zu unterstützen.

Stille See an einem Sonntagmorgen in Florø.

Denkmal für die Fischerjungen am Hafen von Florø.

Die Bergenser Kaufleute, die um ihre Handelsprivilegien fürchteten, votierten heftig gegen diese gezielt geförderte Stadtgründung, konnten sie aber nicht verhindern. Die planmäßige Anlage der Stadt ist bis heute in den Straßenzügen zu erkennen.

Måløy

Abfahrt nordgehend:

Tag 2, **5.30 Uhr**

Abfahrt südgehend:

Tag 12, **6.00 Uhr**

Der Abschnitt zwischen Florø und Måløy ist ein gutes Beispiel dafür, wie Kapitän Richard With in den Gründungsjahren die Strecken ausgewählt hat: Die Route verläuft hinter Inseln geschützt durch Sunde. Von der Kleinstadt mit knapp mehr als 3000 Einwohnern bekommen Hurtigrutengäste wenig mit, weil sie entweder zu nachtschlafender Zeit oder im Dunkeln angelaufen wird. Måløys Ursprünge reichen bis zu einem Handelsplatz im Jahre 1692 zurück; Ende des 19. Jahrhunderts, zur großen Zeit des Fischfangs an der norwegischen Küste, nahm der Ort als Umschlagplatz für Fisch Gestalt an.

Måløy liegt am äußeren Ende des Nordfjords, der sich bei Kreuzfahrtschiffen zunehmender Beliebtheit erfreut. Der Nordfjord ist zwar weniger bekannt, reicht mit seinem Arm Innviksfjord aber bis nach Olden an den Fuß des größten norwegischen Gletschers, des Jostedalsbreen. 106 Kilometer lang bietet der Nordfjord eine ansprechende Revierfahrt für Kreuzfahrtschiffe. Aufgrund der Uhrzeiten bietet Hurtigruten keinen Landausflug zum Gletscher Jostedalsbreen. Zwischen Måløy und Torvik befindet

Blick vom 497 Meter hohen Westkap auf die Küste.

sich eine der schwierigen Passagen für Hurtigruten: Hier muss das Westkap umrundet werden. Das Westkap ist 497 Meter hoch – also höher als das Nordkap – und liegt am äußersten Punkt der Halbinsel Stadlandet. Der norwegische Wetterbericht unterscheidet zwischen »nord for Stad« und »sør for Stad«, also nördlich bzw. südlich des Westkaps, das sich weit in den Nordatlantik hineinschiebt. Hier liegt Norwegens Wetterküche, es ist oft stürmisch und kann kurz mal schaukelig werden. Die Wellen des Atlantiks werden vom steilen Ufer zurückgeworfen und sorgen für eine unruhige See. Aber keine Sorge, bei Torvik verläuft die Strecke bereits im Herøyfjord wieder geschützt hinter Inseln.

DER SCHIFFSTUNNEL

Seit über 100 Jahren gibt es Pläne, einen Tunnel für Schiffe an der schmalsten Stelle der Halbinsel Stadlandet zu bauen, um die Passage um das Westkap herum abzukürzen. Bereits 1874 erörterte eine Bergenser Zeitung das Thema auf dem Titel. Der Tunnel soll so groß sein, dass auch ein Postschiff hindurchpassen würde, die letzten Pläne sehen eine Höhe von 49 Metern, eine Breite von 36 Metern und einen Tiefgang von 12 Metern vor. Baubeginn für den ersten Schiffstunnel der Welt soll nun 2025 sein. Die Kosten wurden im letzten Entwurf mit drei Milliarden Norwegischen Kronen veranschlagt, also etwa 295 Millionen Euro. Zum Vergleich: Die Öresundbrücke zwischen Dänemark und Schweden hat etwa 1 Milliarde Euro gekostet, die gesamte Öresundverbindung inklusive Tunnel rund 2,8 Milliarden Euro. Dagegen nimmt sich der Betrag für den Schiffstunnel eher klein aus.
Hurtigruten hat allerdings mitgeteilt, dass sie den geplanten Tunnel nicht nutzen wollen.

Fruchtbares Trogtal nahe dem Westkap.

Torvik

Abfahrt nordgehend:

Tag 2, **8.30 Uhr**

Abfahrt südgehend:

Tag 12, **2.30 Uhr**

Torvik ist kaum mehr als ein Kai. Früher war der Anlauf durch Hurtigruten eine wichtige Verbindung für die Insel Leinøya und ihre Nachbarinseln. Doch nachdem die Inseln Hareid, Gurskøy, Leinøya und Runde allesamt durch ein System aus Brücken und Tunneln mit dem Festland verbunden sind, wäre ein Hurtigrutenanlauf eigentlich nicht mehr nötig. Hier ist die Reederei Havila zu Hause. Touristisch interessant ist vor allem die Insel Runde, die für ihren Artenreichtum an Vögeln bekannt ist. Für Hobbyornithologen zählt sie zu den wichtigsten Zielen in Norwegen.

Gegenüber liegt auf der Insel Hareid der Ort Ulsteinvik. Auf der Kværner Kleven Verft in Ulsteinvik wurden die NORDKAPP (1996), die NORDNORGE (1997) und die FINNMARKEN (2002, heute OTTO SVERDRUP) gebaut. Auf der benachbarten Ulstein Verft entstand die POLARLYS (1996).

Ålesund

Aufenthalt nordgehend Sommer:

Tag 2, **9.45 bis 10.00 Uhr**

Aufenthalt zweiter Anlauf **nordgehend** Sommer:

18.00/19.00 bis 20.00 Uhr

Aufenthalt nordgehend Winter:

Tag 2, **9.45 bis 20.00 Uhr**

Aufenthalt südgehend:

Tag 12, **0.30 bis 1.20 Uhr**

Ålesund hat einen auf den ersten Blick komplizierten Fahrplan. Im Winter hat das Schiff über zehn Stunden Aufenthalt, genug Zeit also, die Stadt zu entdecken. Im Sommer hingegen muss man sich zwischen dem Geirangerfjord und Ålesund entscheiden, denn das Schiff liegt morgens nur eine Viertelstunde in der Stadt und kehrt erst am Abend nach dem Abstecher in den Geirangerfjord bzw. zum Hjørundfjord zurück nach Ålesund. Theoretisch hat man also im Sommer die Möglichkeit, morgens auszusteigen, sich Ålesund in aller Ruhe anzuschauen und abends wieder an Bord zurückzukehren. Das macht aber kaum jemand, weil niemand den Abstecher in den Geirangerfjord verpassen möchte.

Stadtplan Ålesund

① Aussichtspunkt Fjellstua
② Jugendstilcenter
③ Ålesunds Museum

Südgehend legt das Schiff erst nach Mitternacht an. Für einen kurzen nächtlichen Spaziergang reicht die Zeit, zumal es im Sommer ja nicht dunkel wird.

Historie

Schon zur Wikingerzeit war die Gegend bei Ålesund besiedelt. Stadtrechte bekam Ålesund jedoch erst 1848. Heute ist Ålesund mit 43 000 Einwohnern die größte Stadt zwischen Bergen und Trondheim. Das Zentrum liegt auf drei Inseln. Am 23. Januar 1904 wurde Ålesund von einem verheerenden Stadtbrand nahezu vollständig zerstört. 850 Häuser brannten nieder, im Stadtzentrum blieben nur etwa 230 Häuser bewohnbar. Kaiser Wilhelm II., der sich häufig mit seiner Yacht HOHENZOLLERN II in den norwegischen Fjorden aufhielt, ließ vier Schiffe mit Material, Hilfsmannschaften und Zelten schicken. Zudem finanzierte der deutsche Kaiser einen Teil des Wiederaufbaus. Statt in Holz wurde nun in Stein gebaut, der seinerzeit populäre Jugendstil lässt sich bis heute an vielen Häusern im Zentrum

Der Brosund zieht sich durch die Innenstadt von Ålesund.

Jugendstilornamente in Ålesund.

erkennen. Von den einst 300 Jugendstilhäusern sind aber aufgrund von Neubauten in den 1960er- und 1970er-Jahren längst nicht mehr alle erhalten.

Landgang

Die Hurtigrutenschiffe machen ganz nah am Zentrum fest, die Fußgängerzone ist in wenigen Minuten zu Fuß zu erreichen. Dort steht das eine oder andere Jugendstilhaus, auf der anderen Seite des Sunds finden sich weitere hübsche Baudenkmäler. Für einen Spaziergang bis auf die gegenüberliegende Hafenmole reicht die Zeit nur während der Liegezeit im Winter. Nicht versäumen sollte man auf einem kurzen Spaziergang einen Blick über den Brosund, der sich durch die Stadt zieht. Im Sommer machen die Freizeitboote hier fest und sorgen für eine lebhafte maritime Atmosphäre in Ålesund.

Wer Informationen durch einen einheimischen Guide haben möchte, kann in Ålesund einen organisierten Landausflug buchen. Man kann sich die Stadt aber ebenso gut auf eigene Faust erschließen.

TIPP

Den schönsten Blick auf Ålesund hat man vom Hausberg Aksla, der sich 189 Meter über das Zentrum erhebt. Hinauf führt eine Treppe mit 418 Stufen, für weniger sportliche Besucher gibt es auch einen Bus oder aus Zeitgründen ein Taxi. Oben wartet die Fjellstua, ein Ausflugslokal mit einem unvergleichlichen Panoramablick – der bei Kaffee und Kuchen natürlich auch einen kleinen Aufpreis kostet. Man kann aber auch ohne Verzehr von der benachbarten Terrasse weit über die Stadt und die umliegenden Inseln bis auf das Meer schauen. Der Aksla zählt zu den schönsten Aussichtspunkten in Westnorwegen. Im Winterhalbjahr vorsichtshalber vorher unter www.fjellstua.no die Öffnungszeiten prüfen.

Geiranger

Ankunft nordgehend Sommer: **14.25 Uhr**

Der Geirangerfjord ist wohl der berühmteste Fjord Norwegens. Dabei ist er nur 15 Kilometer lang und ein Nebenarm des Sunnylvsfjords, der wiederum vom Storfjord abzweigt. Seinen weltweiten Ruf hat der Geirangerfjord, weil er so schmal ist und über sehr steile Ufer verfügt. Alle umliegenden Berge sind um die 1500 Meter hoch, teils fallen die Felswände nahezu lotrecht zum Fjord ab. Ähnlich steil sind nur der Lysefjord bei Stavanger und der Nærøyfjord, ein Arm des Sognefjords.

Der Geirangerfjord ist nur an seinem inneren Ende von Land aus zugänglich, es gibt keine Straßen am Ufer oder oberhalb in den Bergen. Nur die beiden Straßen zum Ort Geiranger am Ende des Fjords erlauben eine Zufahrt von Land aus, jedoch nicht ganzjährig. Der Weg über den Fjord ist die einzige sichere ganzjährige Möglichkeit, Geiranger zu erreichen.Je weiter das Schiff auf dem Storfjord von Ålesund aus ins Land eindringt, umso enger wird der Fjord. Anfangs noch lieblich, mit Ortschaften am Nordufer, ändert sich das Bild ab der Ortschaft Stranda. Hier biegt das Postschiff in den Sunnylvsfjord ein, steil ra-

Die RICHARD WITH *verlässt den Geirangerfjord.*

Karte Geiranger

gen die Ufer empor. Keine Siedlung, keine Straße. Mit dem Abbiegen in den Geirangerfjord wird die Szenerie noch dramatischer, weil dieser Fjord noch enger ist. Weit droben sind noch vereinzelt verlassene Almen zu erkennen, Wasserfälle stürzen sich dramatisch aus der Höhe herab. Die sieben Schwestern und der Brautschleier sind die berühmtesten Wasserfälle. Zwei Biegungen verstellen den Blick nach vorn, was die Spannung zusätzlich schürt. Dann taucht die Ortschaft Geiranger auf, die ihre Berechtigung eigentlich nur den Touristen verdankt: Hotels, Campingplatz, Ferienhäuser und eine winzige Tankstelle prägen das Bild. Ganzjährig wohnen hier nur etwa 240 Menschen, die meisten arbeiten im Tourismus.

Landgang

Es gibt keinen Kai in Geiranger, das Ausschiffen erfolgt mit Booten. Sobald die Boote zurück sind und auf das Bootsdeck gewinscht wurden, verlässt das Hurtigrutenschiff Geiranger wieder. Es gibt daher keine Möglichkeit, individuell an Land zu gehen. Von Juni bis August führt der Ausflug von Geiranger über die Adlerstraße hinüber zur Fähre von Eidsdal nach Linge. Nach einem Stopp an der

Großartiges Panorama im Geirangerfjord.

spektakulären Schlucht Gudbrandsjuvet werden die Serpentinen des Trollstigen erreicht.

Hjørundfjord

Ankunft nordgehend Herbst:
12.15 bis 15.45 Uhr

Im September und Oktober wird statt des Geirangerfjords ein anderer Arm des Storfjords besucht: Der kleine Hjørundfjord zählte schon zu Kaisers Zeiten zu den beliebten Ausflugszielen per Schiff. Er steht zu Unrecht im Schatten des berühmteren Geirangerfjords. Die Ausschiffung erfolgt nahe dem Fähranleger Urke per Boot. Hier beginnt mit dem Norangsfjord ein Fjordarm, in dem Kaiser Wilhelm II. häufig mit seinem Schiff HOHENZOLLERN lag.

Die sieben Schwestern heißt der Schleierwasserfall.

Was mag hinter der nächsten Kurve des Geirangerfjords warten?

Der 1500 Meter hohe Berg Dalsnibba bietet eine tolle Aussicht.

HINTERGRUND: LUFTVERSCHMUTZUNG DURCH SCHIFFE

Schiffe werden in der Regel mit Schweröl betrieben, die Abgase gelangen kaum gereinigt in die Luft. Da Schiffe 30 bis 50 Jahre genutzt werden, manche sogar noch länger, sind technische Umbauten nur in begrenztem Maß möglich. Die Schiffsabgase sind nicht nur in den Hafenstädten ein zunehmendes Problem, sondern gerade auch in den engen Fjorden, wo der Luftaustausch je nach Wetterlage deutlich erschwert sein kann. Dann hängt im Fjord eine gelbliche Wolke über den Schiffen.

Im Geirangerfjord, der als UNESCO-Welterbe unter Schutz steht, sind deshalb maximal drei Kreuzfahrtschiffe gleichzeitig zugelassen. Das hat nicht nur mit dem Umweltschutz zu tun, sondern auch mit der Kapazität an Land. Denn es müssen ja auch genügend Busse für die Urlauber vorhanden sein. Die Postschiffe zählen aufgrund ihrer kurzen Verweildauer und des Linienverkehrs nicht zu den Kreuzfahrtschiffen.

Am Problem der Luftverschmutzung wird intensiv gearbeitet. Vorreiter sind die Häfen des Ostseeraums, vor allem Stockholm, die auf die Einführung von Landstrom drängen, damit der Schiffsantrieb während der Liegezeit nicht für die Energieerzeugung genutzt werden muss. Noch gibt es keinen einheitlichen internationalen Standard für die Art des Anschlusses. Ob Landstrom sinnvoll ist, wird kontrovers diskutiert. Bei kurzen Liegezeiten bringt Landstrom vermutlich kaum eine Entlastung, bei längeren Liegezeiten ist der Nutzen eindeutig nachgewiesen.

Die Frage des Treibstoffs ist der entscheidende Ansatzpunkt. Hier gibt es zwei mögliche Lösungen. Ein Weg ist der komplette Verzicht auf schwefelhaltige Treibstoffe. Dieser

Weg wird in Norwegen vorangetrieben. Mehrere regionale Fähren fahren daher inzwischen mit Gasantrieb, und auch die neuen großen Fährschiffe von Fjord Line sind für den Betrieb mit Gas vorbereitet. Bei den konventionellen Antrieben hingegen geht es einerseits darum, den Schwefelgehalt im Treibstoff zu senken, und andererseits darum mit Abgasfiltern zu arbeiten. International sind derzeit noch maximal 4,5 Prozent Schwefel im Treibstoff erlaubt.

In den Sondergebieten Ostsee und Nordsee wurde der erlaubte Schwefelgehalt im Treibstoff schon vor Jahren auf maximal 1,5 Prozent festgelegt und seit 2010 auf ein Prozent gesenkt. In allen EU-Häfen liegt der erlaubte Schwefelgehalt seit 2010 während einer Liegezeit von mehr als zwei Stunden bei nur 0,1 Prozent, was bedeutet, dass lediglich Schiffsdiesel zum Einsatz kommt. Seit 2015 darf in Nord- und Ostsee sowie im Ärmelkanal nur noch mit Treibstoff von 0,1 Prozent Schwefelgehalt gefahren werden oder es müssen sogenannte Scrubber, eine Art Abgasfilter, zum Einsatz kommen.

Die Forderung von Umweltverbänden, grundsätzlich nur Treibstoff mit einem Schwefelgehalt von 0,1 Prozent zu benutzen, wurde von den Reedern lange abgelehnt. Schiffsdiesel ist ungleich teurer als Schweröl, was dazu führen würde, dass die Passage für Fracht oder Passagiere deutlich teurer würde. Wer ein Dieselauto fährt oder die Preise für Heizöl verfolgt, hat den Preisanstieg der vergangenen Jahre erlebt. Für Schiffsdiesel verlief die Preisentwicklung parallel.

Das Problem der Schifffahrt ist die Langlebigkeit der Schiffe: Autos werden im Schnitt knapp zwölf Jahre genutzt, private Heizungen oft nach 15 bis 20 Jahren getauscht, ein Schiff jedoch frühestens nach 30 Jahren. Es dauert einfach länger, bis Innovationen in der Schifffahrt in großem Stil umgesetzt werden können.

Der Geirangerfjord, der aufgrund seiner Enge besonders mit den Abgasen zu kämpfen hat, darf zukünftig nur noch emissionsfrei befahren werden. Die Schiffe von Hurtigruten und von Havila sind mit großen Batterien ausgerüstet, sodass sie den Fjord ohne Abgase vollelektrisch befahren können.

Wolken im Fjord erschweren den Luftaustausch.

Hurtigrutenschiff im warmen Licht des Nordens.

Molde

Abfahrt nordgehend:
Tag 2, **23.05 Uhr**
Abfahrt südgehend:
Tag 11, **21.45 Uhr**

Molde hat eine schöne Einfahrt, die durch den weiten Moldefjord führt. Die umliegenden Berge sind mit maximal 800 Metern deutlich niedriger, die Landschaft wirkt nicht so rau und abweisend wie die felsigen Ufer des Geirangerfjords. Und im Hintergrund lugen die Gipfel der sogenannten Romsdalsalpen hervor, mit Gipfeln zwischen 1500 und 1800 Meter Höhe.

Molde nennt sich »die Rosenstadt«, was sich auf einem kurzen Spaziergang während der Liegezeit im Sommer leicht überprüfen lässt. Schon von Weitem ist Molde an einem ganz besonderen Bauwerk zu erkennen. Das 15 Stockwerke hohe Hotel Seilet wurde in Form eines Segels direkt am Ufer gebaut. In der gläsernen Fassade des markanten Hotels spiegelt sich der Fjord.

Molde ist alljährlich Ende Juli Schauplatz eines internationalen Jazzfestivals, das häufig durch erstklassige Besetzung glänzen kann. Seit 1961 kommen Spitzenmusiker aus aller Welt in die 24 000 Einwohner zählende Kleinstadt, darunter Größen wie Miles Davis, Oscar Peterson und der Norweger Jan Garbarek.

In Molde treffen sich im Sommer das nord- und das südgehende Schiff, die Ankunftszeiten liegen nur 30 Minuten auseinander. Wenn beide pünktlich sind, überschneiden sich ihre Liegezeiten am Kai ein wenig. Wer einen kurzen Abendspaziergang gemacht hat, muss darauf achten, nicht das falsche Schiff zu nehmen. Aber spätestens bei der Kontrolle der Bordkarte fällt der Fehler auf.

Moderne Architektur in Molde: Hotel wie ein Segel.

Kristiansund

Abfahrt nordgehend:

Tag 3, **3.00 Uhr**

Abfahrt südgehend:

Tag 11, **17.30 Uhr**

Zwischen Molde und Kristiansund liegt das zweite Teilstück, auf dem es mal etwas schaukeliger an Bord werden kann: Das Wasser im Küstenabschnitt Hustadvika ist relativ flach, hier entstehen oft unangenehme Wellen, selbst bei wenig Wind. Nordgehend sind die meisten schon in der Koje, südgehend wird ein Landausflug ab Kristiansund angeboten.

Kristiansund selbst liegt geschützt auf vier Inseln, die teilweise durch Brücken und kleine Personenfähren

Auslaufen am Nachmittag aus Kristiansund.

Stadtplan Kristiansund

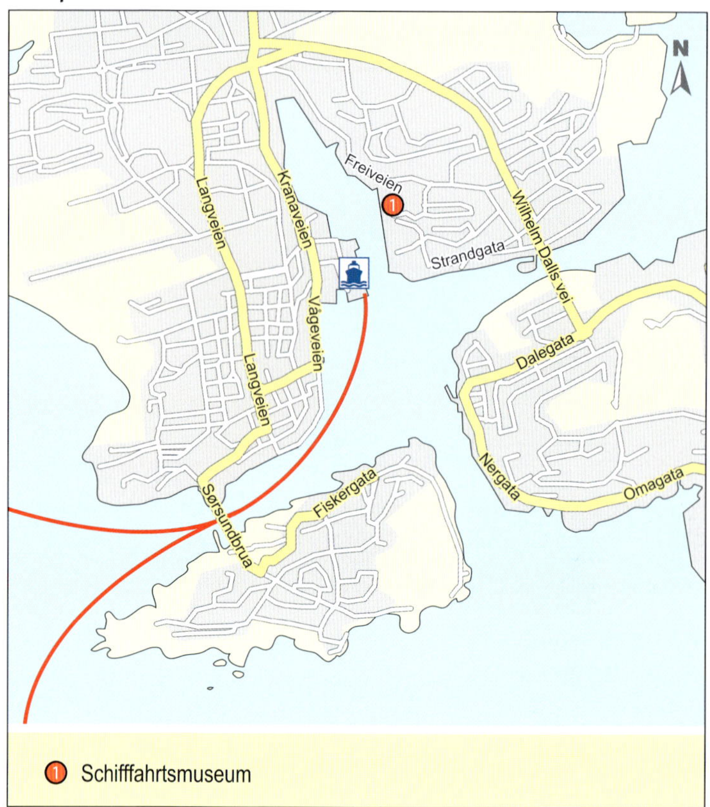

miteinander verbunden sind. Vom Meer kommend, ist die Einfahrt erst spät zu erkennen. Zum Meer hin stehen kaum Häuser. Doch hinter der schmalen Durchfahrt unter einer Brücke hindurch öffnet sich ein natürlicher Hafen, um den herum die Stadt entstanden ist.

Nordgehend bekommt man von Kristiansund wenig mit, weil es nachts angelaufen wird, doch südgehend steht die Stadt am späten Nachmittag im Fahrplan.

Landgang

Südgehend wird ein interessanter Ausflug angeboten: Dazu besteigt man in Kristiansund den Bus, der nach Molde fährt. Das hat zum einen den Vorteil, dass die kabbelige See bei Hustadvika vermieden wird – das steht so natürlich nicht im Programm. Zum anderen lockt die Atlantikstraße als Attraktion, eine Straße, die mit hübsch geschwungenen Brücken Holme und Inseln am Rand des Nordatlantiks miteinander verbindet. Freier Blick auf den Atlantik zur einen Seite und in den Kornstadfjord auf der anderen Seite, das ist schon imposant. Allerdings beschränkt sich das spannende Stück der Atlantikstraße auf kurze neun Kilometer. Zum Ausflug gehört auch ein Besuch

Kristiansund liegt auf mehreren Inseln rund um den Hafen.

der Stabkirche Kvernes. Sie zählt zu den jüngeren Stabkirchen und ist äußerlich eher unscheinbar. Ihr fehlen beispielsweise der typische Umlauf, die Holzschindeln und die aufwendigen Verzierungen, die Stabkirchen wie Urnes, Borgund oder Heddal auszeichnen. Die Wandmalereien im Inneren sind jedoch sehenswert. Wenn das Schiff Molde erreicht, ist das Abendessen an Bord bereits vorbei. Deshalb ist bei diesem Ausflug auch ein Abendessen in einem Restaurant vorgesehen.

Im Schifffahrtsmuseum warten Veteranen auf die Restaurierung.

DIE FJORDE

Die Fjorde Norwegens sind ein Ergebnis der letzten Eiszeit, die auf etwa 10 000 v. Chr. datiert wird. Mit dem Abschmelzen des Eises hob sich das Land um bis zu 800 Meter. Die Fjorde sind Trogtäler, die durch Talgletscher ausgeschliffen wurden. Durch ihre Lage nah am Meer konnte Wasser einströmen, als das Eis geschmolzen war. Je nachdem, wie hart oder weich das umliegende Gestein war, wurden die Hänge steil oder flacher.

Zu den bekanntesten Fjorden Norwegens gehören der raue Lysefjord bei Stavanger, der Hardangerfjord mit seinen Armen südlich von Bergen und der Sognefjord. Mit 220 Kilometern ist er der längste Fjord Europas, wenn man all seine Arme mitrechnet: Zu diesen zählen der Lusterfjord, der Aurlandsfjord und der Nærøyfjord. An seiner tiefsten Stelle misst der Sognefjord 1308 Meter! Als Faustregel mag gelten, dass ein Fjord unter Wasser etwa so tief ist, wie die umliegenden Berge hoch sind.

Gletscher schieben Geröll und Gestein vor sich her und türmen es am Gletschertor zu einem Wall auf, so auch in Norwegen zur letzten Eiszeit. Diese Wälle gibt es ebenfalls in den Fjorden unter Wasser. Wie tief die Fjorde auch immer ausgekerbt sein mögen, an ihren Mündungen ins Meer ist die Wassertiefe nur gering. Manchmal beträgt sie gerade einmal 20 Meter. Die Folge ist ein vergleichsweise geringer Wasseraustausch zwischen Meer und Fjord. In der Pionierzeit der Lachsfarmen mussten die Lachszüchter schnell erkennen, dass sie ihre Fische nicht in den geschützten Fjorden aufziehen konnten. Futtermittel, Medikamente und Exkremente verunreinigten in den 1980er-Jahren das Fjordwasser teilweise stark. Diese Problematik hat man heute deutlich besser im Griff. Lachsfarmen mit ihren typischen kreisrunden Becken sieht man vornehmlich in geschützten Buchten auf der Landseite von Inseln in freien Gewässern.

Zwei Fjordarme wurden in Norwegen als UNESCO-Welterbe unter Schutz gestellt: der Nærøyfjord, ein Nebenarm des Sognefjords, und der Geirangerfjord.

Die Fjorde sind ein beliebtes Ziel für Kreuzfahrtschiffe und durch ihre Tiefe gibt es auch kaum Probleme mit der Befahrbarkeit. Die am meisten besuchten Fjorde sind der Hardangerfjord mit den Liegeplätzen in Eidfjord (Kai) und Ulvik (Reede), Sognefjord und Aurlandsfjord mit dem Liegeplatz in Flåm (Kai und Reede), der Nordfjord mit den Liegeplätzen Nordfjordeid (Reede) und Olden (Kai) sowie natürlich der Geirangerfjord (Reede und ein neuer, langer, schwimmender Steg für ein Schiff). Geiranger und Flåm sind dabei die beiden Orte, in denen man inzwischen von Overtourism durch Kreuzfahrtgäste sprechen muss: Die Kapazitätsgrenze dieser Dörfer ist überschritten. Das Erlebnis der Fjorde können die Schiffe von Hurtigruten und Havila Kystruten mit Ausnahme von Geirangerfjord und Hjørundfjord im Sommer und Herbst nicht bieten.

Hohe Berge säumen die Fahrt von Ålesund nach Geiranger.

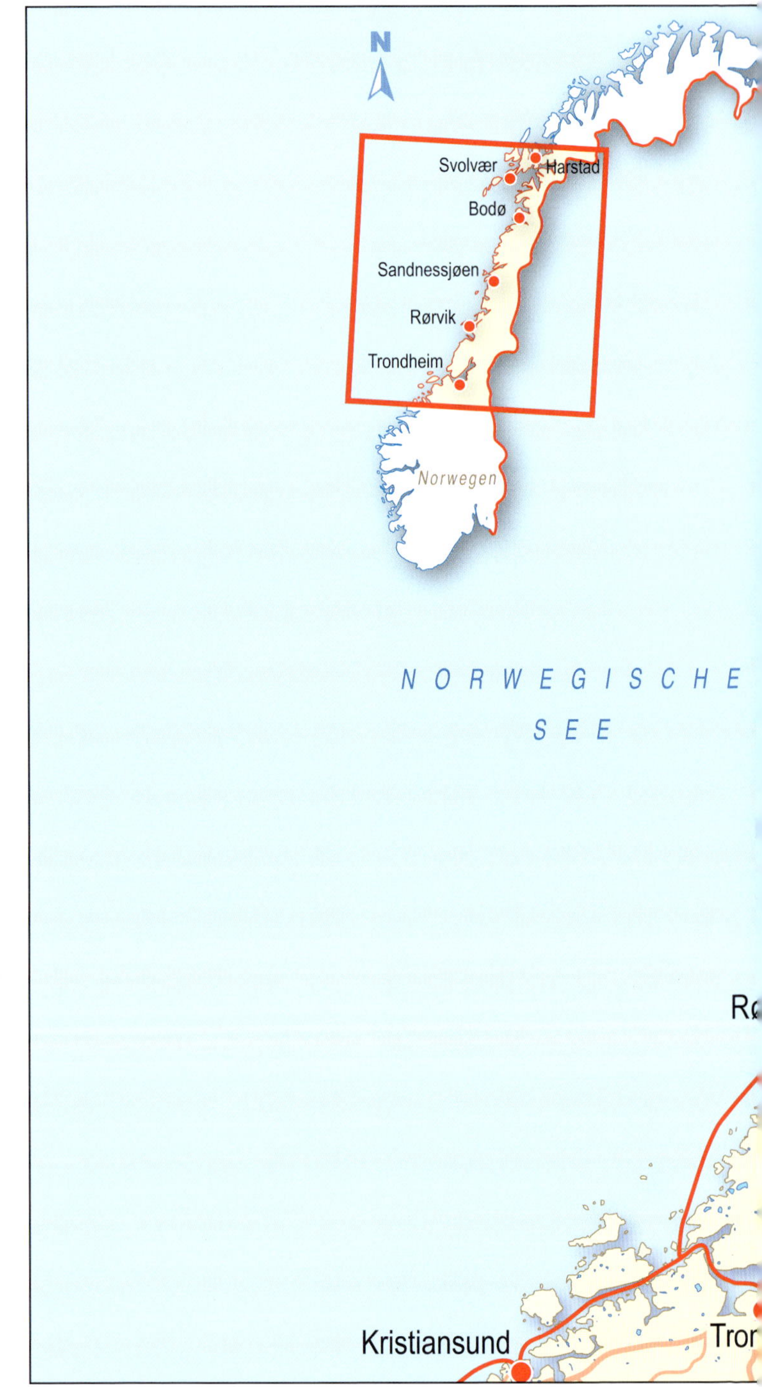
N
Svolvær
Harstad
Bodø
Sandnessjøen
Rørvik
Trondheim
Norwegen
NORWEGISCHE
SEE
Kristiansund

foten
Harstad
Svolvær
Stamsund
Narvik
Erzbahn
Bodø
Ørnes
Svartisen
SCHWEDEN
Nesna
Sandnessjøen
WEGEN

Trøndelag und Nordlandküste

Der Regionalismus ist in Norwegen stark ausgeprägt. Und so legen beide Seiten Wert auf die Feststellung, dass Trøndelag nicht mehr zu Fjordnorwegen gehört. Das mag auch an der starken Konkurrenz zwischen Bergen und Trondheim liegen, den beiden größten Städten nach Oslo. Beide waren einst selbst Hauptstadt, beide waren und sind wichtige Schifffahrtstädte – einen rund 1000-jährigen Wettbewerb um die Vorherrschaft an Norwegens Westküste kann man nicht einfach ausblenden.

Trøndelag heißt die Landschaft rund um Trondheim, politisch unterteilt in die Fylke Sør-Trøndelag und Nord-Trøndelag. Nach Norden hin schließt sich das Fylke Nordland mit der Hauptstadt Bodø an. Auch wenn die politischen Funktionen eines Fylke eher einem Regierungsbezirk entsprechen, haben ihre Flächen doch die Ausmaße eines Bundeslands. Bergen und Trondheim, das ist auch das Duell der beiden größten Reedereien, die an Hurtigruten beteiligt waren: Det Bergenske Dampskibsselskab (BDS, 1894 bis 1979) und Det Nordenfjeldske Dampskibsselskab (NFDS, 1894 bis 1985). Ihre Wirtschaftskraft und ihre neuen Schiffe prägten Hurtigruten nach dem Zweiten Weltkrieg.

Die NORDSTJERNEN, die für BDS gebaut wurde, ist noch rund um Spitzbergen unterwegs. Zwei NFDS-Schiffe schwimmen noch: Die RAGNVALD JARL von 1956 wurde jüngst als Veteranenschiff restauriert, die HARALD JARL von 1960 fuhr bis 2020 sogar noch als Kreuzfahrtschiff.

Trøndelag reicht bis an die schwedische Grenze heran, hier beginnt der schmalste Teil Norwegens. Rund um den Trondheimsfjord ist das Land relativ dicht besiedelt, es gibt fruchtbare Böden. Das war es dann aber auch mit Landwirtschaft, Richtung Norden wird es karg und gebirgig. Im Inland beginnt das Gebiet der Rentierzüchter, an der Küste finden sich vereinzelt Kleinstädte.

Traditionsreiche Hurtigruten: die NORDSTJERNEN *von 1956.*

Trondheim

Aufenthalt nordgehend:
Tag 3, **9.45 bis 12.45 Uhr**
Aufenthalt südgehend:
Tag 11, **6.30 bis 9.30 Uhr**

Trondheim ist mit 176 000 Einwohnern nach Oslo und Bergen die drittgrößte Stadt Norwegens. Der Hafen liegt an der Mündung des Flusses Nidelva in einem relativ flachen Gebiet – eine der Voraussetzungen für das jahrhundertelange gleichmäßige Wachstum der Stadt. Im Norwegischen sagt man: »Vi har gode kommunikasjoner.« Auf Deutsch heißt das wörtlich: »Wir haben gute Kommunikation.« Aber Kommunikation meint im Norwegischen Verkehrsverbindungen: In Trondheim treffen sich die Dovre-Bahn, die Europastraße 6 und die Postschiffroute, dazu gibt es außerhalb in Værnes einen großen Flughafen. Trondheim ist der wichtigste Verkehrsknotenpunkt in Mittelnorwegen und hat deswegen eine »gute Kommunikation«. Selbstverständlich werden die traditionsreichen Postschiffe als Teil dieser Verbindungen angesehen.

Immer wieder gab es in der Geschichte von Hurtigruten Diskussionen darüber, den südlichen Wendepunkt von Bergen nach Trondheim zu verlegen, da die eigentliche Bedeutung der Linie ohnehin im Norden des Lands liegt. In der Frühzeit von Hurtigruten, als noch jede am Linienverkehr beteiligte Reederei eine einzelne staatliche Lizenz erhielt, gab es auch Lizenzen ab Trondheim.

Historie

Das Gründungsdatum von Trondheim ist auf das Jahr 997 festgelegt worden. Dabei bezog man sich hauptsächlich auf die Wikingersagas, also auf mündlich überlieferte Geschichtsdaten. Archäologen sind sich heute sicher, dass es schon früher eine Siedlung an der Mündung des Nidelva gab, die aus Gehöften und Bootshäusern bestand

Speicherhäuser am Fluss Nidelva in Trondheim.

Stadtplan Trondheim

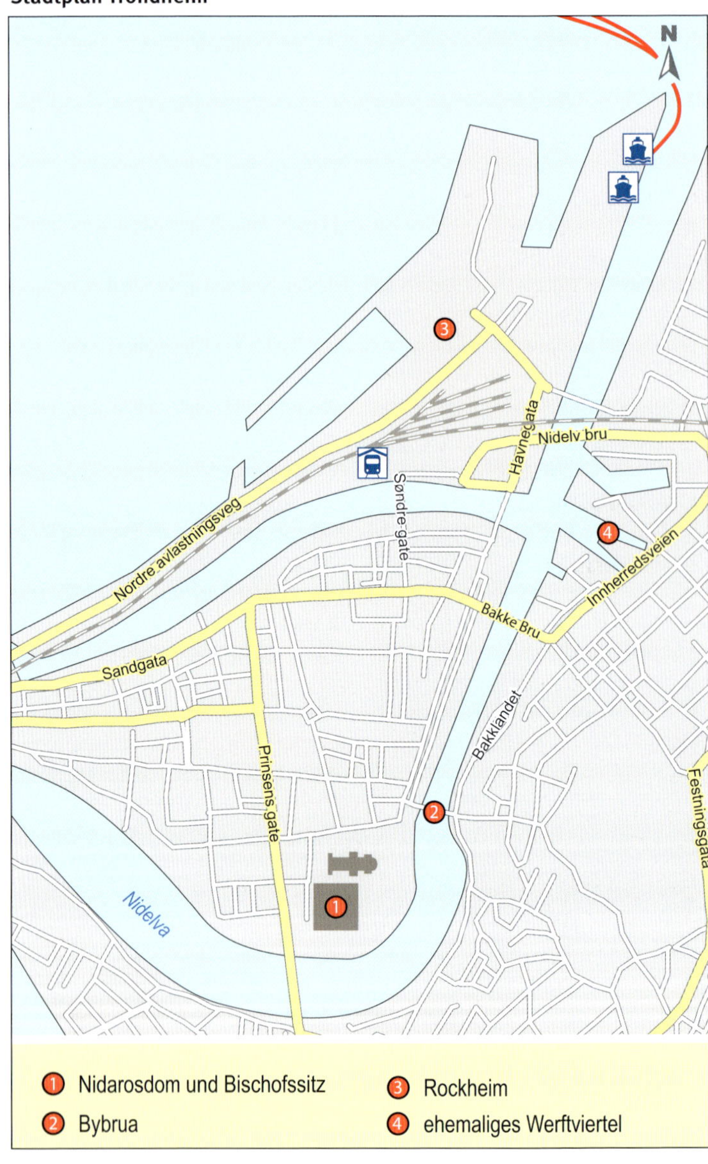

und in der Handel getrieben wurde. Von 1030 bis 1217 war Trondheim die Hauptstadt Norwegens. König Olav Tryggvason soll der Sage nach Trondheim gegründet haben. Er trieb die Christianisierung Norwegens voran. Bereits 1152 wurde Trondheim Sitz eines Erzbischofs. Mehrere Klöster entstanden, darunter eines auf der Insel Munkholmen im Fjord. Bis heute ist die Stadt das geistliche Zentrum Norwegens.

Einen heftigen Streit gab es um den Namen der Stadt. Ursprünglich hieß sie nach dem Fluss Nidaros. Trondheimen war zunächst nur der Name der Region, die heute Trøndelag heißt. Im Spätmittelalter war dann oft von »Kaupangen i Trondheimen«, also dem Handelsplatz in der Region Trondheimen die Rede, wenn man von Nidaros sprach. Während der Zeit der dänischen Herrschaft wurde der Name zu Trondhjem eingedänischt und nur noch für die Stadt verwendet. So blieb es rund 600 Jahre. Die Nationalromantik des 19. Jahrhunderts war in Norwegen sehr stark ausgeprägt. Einerseits war man 1814 im Wiener Kongress von Dänemark getrennt worden, hatte aber nicht wie gefordert die volle Selbstständigkeit erhalten, sondern wurde Schweden zugewiesen, das seinerseits Finnland nach 600 Jahren an Russland verlor. Die schwedische Herrschaft über Norwegen dauerte von 1814 bis 1905. In diese Zeit fielen auch die Versuche, Neunorwegisch (Nynorsk) als eigene Sprache zu etablieren, um sich damit vom (sprachlichen) dänischen Erbe loszusagen und sich eine eigene Identität zu geben. Dazu gehörte auch die Umbenennung von Städten. Oslo, das seit 1624 Christiania hieß, wurde 1925 offiziell wieder zu Oslo. Halden und Stavern bekamen ihre norwegischen Namen 1927 und 1930. Auch Trondhjem sollte wieder Nidaros heißen. Die Bürger der Stadt hatten sich 1928 allerdings in einer Volksabstimmung deutlich für die Beibehaltung von Trondhjem ausgesprochen, trotzdem erfolgte 1930 die Umbenennung in Nidaros durch das Storting, das Parlament in Oslo. Nach heftigen Protesten entschieden sich die Osloer Abgeordneten 1931 für die norwegische Schreibweise Trondheim. Übrigens: Die alte deutsche Schreibweise Drontheim gab es in Norwegen nie, sie sollte nur der besseren Aussprache dienen.

Sehenswertes

Der Nidarosdom ist Norwegens bedeutendste Kirche und Trondheims größte Sehenswürdigkeit. Die Ge-

Der historische Hof des Erzbischofs und der Nidarosdom.

Am Westportal des Nidarosdoms.

schichte des Baus ist wechselhaft: Um 1030 erstand wohl auf Basis einer Holzkirche die erste in Stein gebaute Kirche, also sehr früh für den Norden Europas. Im 12. und 13. Jahrhundert erfolgte der weitere Ausbau, 1220 bis 1240 entstanden Langschiff und Turm, von 1248 bis 1320 kam die Westfront hinzu. Etwa zwischen 1300 und 1320 war der Bau der Kirche vermutlich im Wesentlichen abgeschlossen. Doch immer wieder zerstörten Brände die Kirche. Der Brand von 1531 führte dazu, dass die Kirche nahezu 400 Jahre als (teilweise) dachlose Ruine ein trauriges Dasein fristete. Die Brände 1708 und 1719 machten die Sache auch nicht besser. Norwegen war zu dieser Zeit eine verarmte Provinz Dänemarks, in die die dänischen Herrscher nur das Nötigste investierten.

Die hölzerne Klappbrücke wird gern fotografiert.

Der Fluss Nidelva umschließt die Innenstadt in einem Bogen.

Es war in der Zeit der Nationalromantik des 19. Jahrhunderts, als die Norweger auf der Suche nach Symbolen für die nationale Identifikation waren, als der Nidarosdom wieder »entdeckt« wurde. 1869 begannen die Restaurierungsarbeiten, die sich bis weit ins 20. Jahrhundert zogen. Die letzte Statue der Westfront wurde 1983 eingesetzt, der offizielle Abschluss der Restaurierung – oder sollte man besser Rekonstruktion sagen – wurde erst 2001 begangen.

Die Domkirche war lange Zeit die Krönungsstätte der norwegischen Könige, zuletzt 1906 für König Håkon VII. Nachdem das Storting die Krönung 1908 abschaffte, wurden hier noch König Olav V. und der amtierende König Harald V. zu Beginn ihrer Regentschaft gesegnet. Bis heute ist der Nidarosdom ein wichtiges nationales Symbol – was auch daran liegen mag, dass es keine vergleichbare Kirche in Norwegen gibt.

Bei einem Stadtrundgang entlang des Flusses Nidelva gelangt man unweigerlich zur Bybrua (Stadtbrücke), einer hölzernen Klappbrücke aus dem Jahre 1861. Sie ist mit den Speicherhäusern im Hintergrund ein beliebtes Fotomotiv. Eine neue Attraktion hat Trondheim im März 2010 erhalten: Das Museum Rockheim befindet sich in einem ehemaligen Speicher am Hafen und ist vom Schiff aus schnell zu erreichen. Es erzählt die Geschichte der Rock- und Popmusik in Norwegen seit den 1950er-Jahren. Das Besondere an dem Museum sind die unzähligen interaktiven Darstellungen, die international wegweisend sind: Virtuelles Blättern in alten Zeitschriften, Filme von nationalen Ausscheidungen zum Eurovison Song Contest (vormals Grand Prix Eurovision de la Chanson) – wer Spaß an zeitgenössischer Musik hat, wird dieses Museum genießen. Einen Tipp wert ist die Museumscafeteria im fünften Stock mit Blick über die Stadt und den Hafen.

Landgang

Die Lage des Anlegers und die relativ lange Liegezeit machen Ausflüge auf eigene Faust möglich. Wer nur Kaffeetrinken gehen möchte, wird im

Das Museum Rockheim erzählt die Geschichte der Popmusik.

ehemaligen Werftgelände am nördlichen Ufer des Nidelva fündig. Rund um ein altes Dock sind hier in den ehemaligen Werkshallen Kneipen, Cafés und Restaurants entstanden – eine wirklich gelungene Umwidmung einer alten Industrielandschaft. Rechts und links des Flusses stehen noch zahlreiche alte Speicherhäuser. Auch moderne Gebäude wurden weitgehend passend eingefügt. Der Nidarosdom ist zu Fuß erreichbar. Insbesondere auf der nordgehenden Tour hat man genügend Zeit für einen ausführlichen Stadtbummel mit Besichtigung des Doms und eines der Museen.

Hurtigruten bietet nordgehend fünf Landausflüge an, südgehend sind es zwei. Den Stadtrundgang und den Besuch des Nidarosdom könnte man auch individuell machen. Das Ringve-Museum jedoch liegt außerhalb. Es bietet eine große Sammlung an historischen Musikinstrumenten, einige werden durch Studenten im Rahmen einer Führung auch praktisch vorgeführt. Auch die Festung Munkholmen besucht man besser im Rahmen einer geführten Tour.

Rørvik

Abfahrt nordgehend:

Tag 3, **22.00 Uhr**

Abfahrt südgehend:

Tag 10, **21.30 Uhr**

Beim Ablegen in Trondheim lohnt noch einmal ein Blick auf die kleine Insel Munkholmen, wo einst Mönche ein Kloster gründeten. Im 17. Jahrhundert entstand hier eine Festung, später wurden die Gebäude als Staatsgefängnis benutzt.

Dann geht es durch den breiten Trondheimsfjord. Das nördliche Ufer bildet die Halbinsel Fosen. In dem Örtchen Rissa entstanden auf der Werft Fosen Mekaniske Verksteder die beiden jüngsten Hurtigrutenschiffe TROLLFJORD (2002) und MIDNATSOL (2003, heute MAUD).

Liebhaber von Leuchttürmen können nordgehend ein paar Prachtexemplare entdecken. Kjeungsskjær Fyr beispielsweise stammt aus dem Jahre 1880. 1987 wurde das Leuchtfeuer automatisiert. Der Leuchtturm steht unter Denkmalschutz und die Wärterwohnung mit ihren sechs Schlafplätzen kann man sogar mieten.

Stadtplan Rørvik

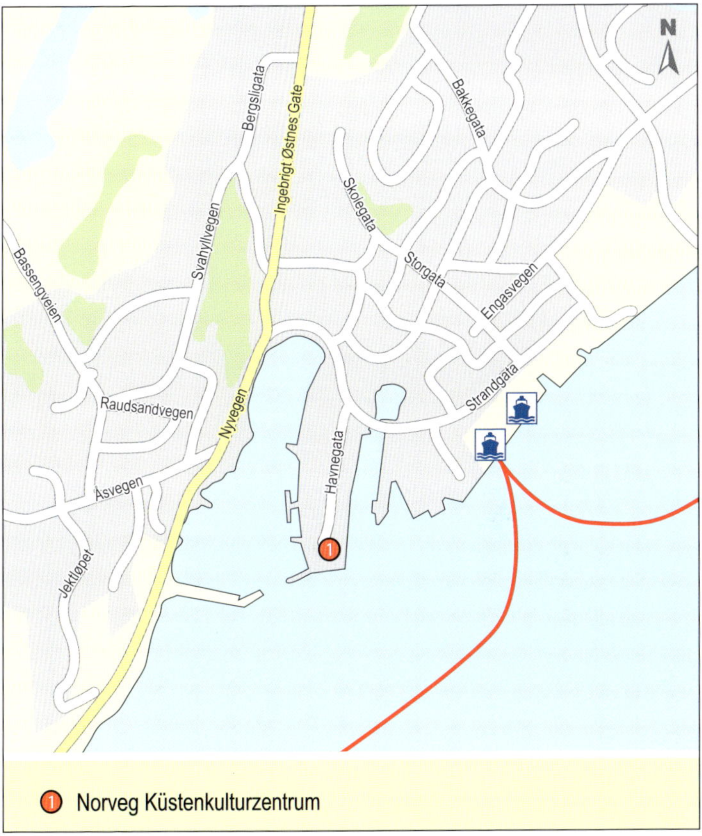

N
Bergsligata
Ingebrigt Østnes Gate
Bakkegata
Skolegata
Svahyllvegen
Bassengveien
Storgata
Engasvegen
Raudsandvegen
Nyvegen
Strandgata
Havnegata
Åsvegen
Jektløpet

1 Norveg Küstenkulturzentrum

Rørvik ist über eine Brücke mit dem Festland verbunden.

Das Küstenkulturzentrum Norveg in Rørvik.

Am späten Nachmittag wird der enge Stocksund passiert, Durchsagen locken die Gäste auf das Außendeck. Die Insel Stockøya ist seit einigen Jahren durch eine hohe Brücke über den Sund mit dem Festland verbunden. Oft stehen Menschen auf der Brücke, um dem durchfahrenden Schiff zuzuwinken.

Rørvik wird am Abend erreicht, hier treffen sich das nord- und das südgehende Schiff. Rørvik liegt auf der Insel Vikna und mag als typisches Beispiel für »utkant-Norge« dienen, den äußersten Rand Norwegens. In Norwegen bildete der Wasserweg über Jahrhunderte die einzige zuverlässige Verbindung. Deshalb entstanden alle wichtigen Orte an der Küste. Doch mit der ab Mitte des 20. Jahrhunderts einsetzenden Verlagerung der Verkehrswege hin zu Autos

Dieser Stockfisch hat es bis ins Museum geschafft.

und Flugzeugen wurden die früher an allen wichtigen Verbindungen liegenden Orte entlang der Küste plötzlich an den Rand gedrängt. Entvölkerung war die Folge. Daran änderten auch die vielen Brückenbauten nichts, im Gegensatz, sie beschleunigten die Landflucht von der Küste weg bis in die 1990er-Jahre hinein. Der norwegische Staat unternimmt große Anstrengungen, die kleinen Küstenorte zu stärken, und versucht, der Entsiedelung gegenzusteuern.

In Rørvik sehen Touristen solch eine gezielte und bewusste Investition: Das Norwegische Zentrum für Küstenkultur Norveg wurde 2004 in Rørvik durch König Harald V. und Königin Sonja eröffnet. Der interessante Bau des isländischen Architekten Gudmundur Jonsson liegt nur wenige Meter vom Hurtigrutenkai entfernt. Auf einem Rundgang lernt man den Unterschied zwischen Klippfisk, der vor dem Trocknen aufgeschnitten und gesalzen wird, und Stokkfisk, der an Gestellen im Wind getrocknet wird. Rørvik, das weniger als 3000 Einwohner zählt, hat durch das Küstenkulturzentrum Norveg eine enorme Aufwertung erfahren.

Brønnøysund

Abfahrt nordgehend:
Tag 4, **1.45 Uhr**
Aufenthalt südgehend:
Tag 10, **15.00 bis 17.25 Uhr**

Brønnøysund wird nordgehend meist verschlafen, aber südgehend bieten sich einige schöne Ausblicke auf die Küste. In Norwegen ist die Ortschaft hauptsächlich für das nationale Register bekannt, das hier geführt wird: Registerenheten in Brønnøysund ist eine staatliche Verwaltungsstelle, bei der unter anderem alle Parteien

An der Küste bei Brønnøysund.

Speicher in Brønnøysund.

registriert sind, alle Jäger, alle Unternehmen und alle Aquakulturen zur Fischzucht. Das nationale Konkursregister führt man ebenso in Brønnøysund wie die Gebührenzentrale für Zwangsversteigerungen. Fast jeder Norweger hat früher oder später mit dem Brønnøysundregister zu tun. Immerhin 500 Arbeitsplätze schafft dieses staatliche Amt in der Kleinstadt im südlichen Teil des Fylke Nordland.

Urlauber hingegen sind eher am Berg Torghatten interessiert. Mitten durch den Berg geht ein Loch, 160 Meter lang, 35 Meter hoch und mit einer Breite von rund 20 Metern. Vom Schiff aus lässt es sich südgehend besser erkennen als nordgehend. Ein zweistündiger Landausflug führt vom Schiff zu dem berühmten Berg. Das Loch kann durchwandert werden, wenn man zuvor etwa 100 Höhenmeter Aufstieg bewältigt. Von oben hat man einen sehr schönen Blick über die Küste und die Inselwelt vor Brønnøysund. Um die Entstehung des Lochs im Berg Torghatten spinnt sich eine Sage. So soll der Riese Hestmannen einen Pfeil durch den Berg geschossen haben. Wahrscheinlicher ist aber die wissenschaftliche These, dass Frost das Gestein herausgebrochen hat.

Autogerechtes Norwegen: Brücke bei Sandnessjøen.

Sandnessjøen

Abfahrt nordgehend:
Tag 4, **4.50 Uhr**
Abfahrt südgehend:
Tag 10, **12.15 Uhr**

Nordgehend wird der Kai von Sandnessjøen zu nachtschlafender Zeit erreicht. Südgehend aber zählt die Passage zwischen Sandnessjøen und Brønnøysund zu den schönsten. Syv Søstre, also Sieben Schwestern, heißt die Bergformation bei Sandnessjøen, bei der sieben rund 1000 Meter hohe Gipfel in gleichem Abstand zueinander aufragen. Besonders schön ist die Szenerie, wenn die Schwestern im Frühjahr oder Herbst kleine Schneemützen tragen.
Sandnessjøen selbst ist keine Schönheit, eher ein nüchternes Verwaltungszentrum. Mit 5700 Einwohnern erhielt der Ort erst 1999 den Stadtstatus. Auffällig ist die Hängebrücke, die den Botnfjord überspannt und den Hafen Sandnessjøen mit der Industriestadt Mosjøen im Inland an der E6 verbindet.

Landgang

Hurtigruten bietet südgehend einen interessanten Ausflug an, der Besucher völlig abseits des touristischen Mainstreams mit der Inselwelt der Helgelandsküste bekannt macht: Per Boot geht es von Sandnessjøen aus zur Inselgruppe Vega, wo besonders viele Seevögel anzutreffen sind. Die Inselgruppe besteht aus insgesamt rund 6500 Inseln, Schären und kleinen Holmen. Nur drei der Inseln sind ganzjährig bewohnt, darunter die

Stadtplan Sandnessjøen

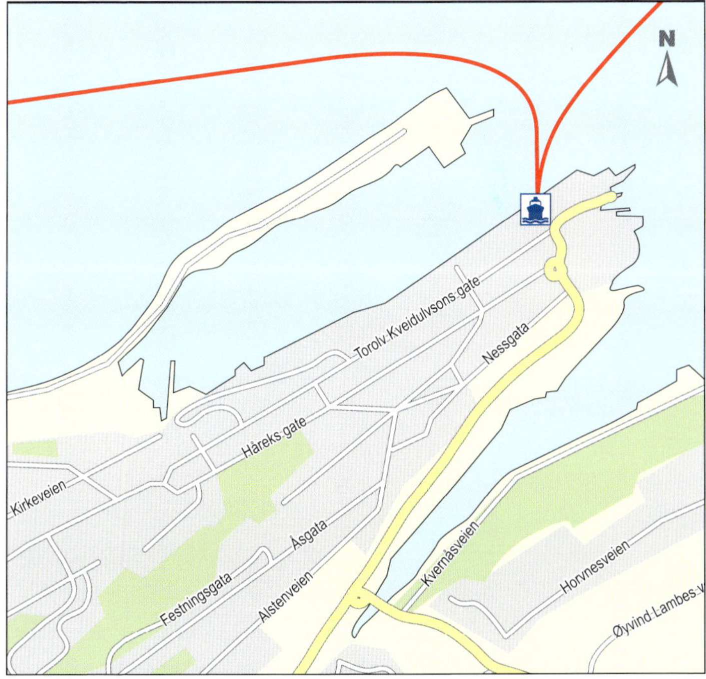

Fünf der sogenannten Sieben Schwestern, einer Bergkette.

namensgebende Hauptinsel Vega. Die ältesten menschlichen Siedlungen auf Vega stammen schon aus der Steinzeit, etwa aus der Zeit von vor 10 000 Jahren. Seit 1911 befindet sich hier ein Vogelschutzgebiet, seit 2005 steht die Insellandschaft auch auf der Liste des UNESCO-Welterbes. Das Hurtigrutenschiff erreicht man wieder in Brønnøysund.

Die NORDNORGE *am Kai von Sandnessjøen.*

Nesna

Abfahrt nordgehend:
Tag 4, **6.10 Uhr**
Abfahrt südgehend:
Tag 10, **10.35 Uhr**

Von Sandnessjøen nach Nesna ist es nur ein kleiner Hüpfer. Zwischen Nesna und Bodø liegt der schwer zugängliche Teil der Nordlandküste. Hinter Nesna beeindruckt die Fahrt durch die Inselwelt. Lovund ist eine winzige Insel, die nur aus einem über 600 Meter hohen Berg besteht, der aus dem Meer ragt.

Der folgende Abschnitt gehört zu den schönsten Revierfahrten der gesamten Strecke.

Die MIDNATSOL *(heute* MAUD*) kurz vor dem kleinen Hafen Nesna.*

TIPP

Straße 17

Der Teil der nordnorwegischen Küste zwischen Nesna und Bodø ist touristisch wenig erschlossen. Hier verläuft die Küstenstraße parallel zur E6, die im Inland über die Berge führt. Während man als Urlauber von Trondheim nach Bodø auf der E6 in zwei Tagen fährt, dauert die Fahrt auf der Küstenstraße mindestens einen Tag länger. Die Postschiffe sind sogar noch schneller, weil die Nacht hindurchgefahren wird. Immer wieder unterbrechen kleine lokale Fähren den Verlauf der Straße. Ihre Fahrpläne bestimmen den Takt an Land. Für diesen Küstenabschnitt benötigt man Zeit, denn die Fähren fahren seltener als in anderen Landesteilen. Zu den Höhepunkten an der Straße 17 gehört in diesem Streckenabschnitt die Aussicht vom Sjonfjell bei Nesna sowie ein Abstecher in das Fischerdorf Tonnes. Wer Zeit mitbringt, sollte ein oder zwei Tage auf einer der vorgelagerten Inseln verbringen. Auf Lovund gibt es ein schönes Hotel, auf Træna moderne Ferienhäuser mit Meerblick.

Drohender Himmel zwischen Nesna und Ørnes.

Ørnes

Abfahrt nordgehend:
Tag 4, **10.10 Uhr**
Abfahrt südgehend:
Tag 10, **6.35 Uhr**

Zwischen Nesna und Ørnes wird der Polarkreis überquert. Ob man an Bord an der Polartaufe teilnehmen möchte, ist Geschmackssache. Sie findet statt, wenn im Sommer eine große Zahl Touristen an Bord ist. Es gibt eine Kelle kaltes Wasser in den Nacken und dazu ein Diplom. Die Erfahrung zeigt, dass die Umstehenden mehr Spaß haben als die derart Getauften. Nördlich des Polarkreises bleibt die Sonne im Sommer oberhalb des Horizonts und im Winter darunter (siehe hierzu auch Abschnitt »Mitternachtssonne« auf Seite 29).
Ørnes ist einer dieser kleinen Handelsplätze entlang der norwegischen Küste, der durch einen Fischhändler und ein Gasthaus zu einem Ort heranwuchs. Ørnes liegt am Eingang des Glomfjords, der fast bis an den Gletscher Svartisen reicht. Für den etwa 1700 Einwohner zählenden Ort stellt Hurtigruten eine wichtige Verbindung dar. Immerhin muss man an Land bis zur nächsten größeren Stadt etwa 160 Kilometer fahren.

Landgang
Noch vor Ørnes wird im Sommer nordgehend ein sehr interessanter Landausflug angeboten. Ein kleines Boot geht längsseits und bringt die Passagiere in die Nähe des Gletschers Svartisen. Nach einer kurzen Wanderung wird ein Café erreicht, von wo aus man einen guten Blick auf den Gletscher hat. Nach einer kleinen Stärkung wandert man zurück zum Boot. Auf der Fahrt nach Bodø wird nach Seeadlern Ausschau gehalten. Da die Besatzung weiß, wo sich die Vögel aufhalten, und sie anfüttert, ist die Wahrscheinlichkeit recht groß, einen Seeadler zu sehen. In Bodø wird das Postschiff wieder eingeholt.

Ein Schiff der Hurtigruten auf nordgehendem Kurs Richtung Lofoten.

NORWEGENS GLETSCHER

Das norwegische Festland zählt ohne Spitzbergen allein 14 Gletscher, die eine Fläche von rund 2600 Quadratkilometer bedecken. Der größte ist der Jostedalsbreen in Westnorwegen mit 487 Quadratkilometern. Er ist zugleich auch der größte Festlandsgletscher Europas. Seine Arme Nigardsbreen und Briksdalsbreen sind auch für Touristen zugänglich.

Der nächstgrößte Gletscher befindet sich im Fylke Nordland: Der Vestre Svartisen misst 221 Quadratkilometer und reicht – eine Ausnahme in Norwegen – fast bis ans Meer heran. Am Holandsfjord in der Nähe von Ørnes ist dies gut zu erkennen. Weiter im Inland, nur durch ein Tal getrennt, liegt der Østre Svartisen, der 148 Quadratkilometer umfasst. Von der Größe her liegt zwischen den beiden Svartisen-Feldern noch der Folgefonn (214 Quadratkilometer) oberhalb des Hardangerfjords in Westnorwegen.

Zu den ganz besonderen Erlebnissen eines Norwegenurlaubs gehört eine Gletscherwanderung. Man sollte jedoch niemals ohne erfahrenen Guide einen Gletscher betreten! An vielen Orten werden professionell geführte Gletscherwanderungen angeboten. So gibt es z. B. im Sommer (etwa Ende Juni bis Ende August) am Svartisen vierstündige Wanderungen. Passende Schuhe werden gestellt, warme Kleidung, Sonnenbrille und Sonnencreme sollte man unbedingt selbst mitbringen. Als Teilnehmer einer Postschiffreise hat man am Svartisen keine Gelegenheit zu einer Gletscherwanderung, nur zu einem Ausflug in Sichtweite des Gletschers (siehe Seite 81). Eine Möglichkeit dazu wäre aber vor oder im Anschluss an die Schiffsreise eine Gletscherwanderung in Westnorwegen am Jostedalsbreen oder auf dem Folgefonn. Dazu muss man Zeit in Bergen oder am Sognefjord einplanen.

Bodø

Aufenthalt nordgehend:
Tag 4, **13.05 bis 15.20 Uhr**
Aufenthalt südgehend:
Tag 10, **2.30 bis 3.30 Uhr**

Bodø ist eine sehr sachliche Stadt ohne optische Höhepunkte. Die Bombardierung im Zweiten Weltkrieg hat vom alten Bodø nichts übrig gelassen. Bodø gehört zu den drei norwegischen Städten, die es am schlimmsten getroffen hatte. Aber schon der Anfang war schwer: Die Bergenser Kaufleute versuchten mit allen Mitteln, die 1816 erfolgte Gründung Bodøs zu verhindern, weil sie um ihre Handelsprivilegien mit Fisch von den Lofoten fürchteten. Erst mit den großen Heringsschwärmen, die um 1864 an der nordnorwegischen Küste auftauchten, blühte Bodø richtig auf.

Hier befindet sich einer der größten Flughäfen Nordnorwegens, der auch militärisch durch die NATO stark genutzt wird. Während des Kalten Kriegs wurde Bodø Standort für das Luftfahrtskommando Nordnorwegen. In der berühmten U-2-Affäre von 1960, bei der ein amerikanisches Spionageflugzeug über der Sowjetunion abgeschossen wurde, spielte Bodø eine Rolle. Chruschtschow drohte mit dem Abwurf einer Atombombe über Bodø, als er erfuhr, dass

Stadtplan Bodø

Bodø ist die Hauptstadt der Region Nordland.

das abgeschossene Spionageflugzeug in Nordnorwegen hätte landen sollen. Erst später erfuhren die Norweger, dass 1958 zwei der Spionageflugzeuge zur Überwachung der Barentssee in Bodø stationiert waren. Eines der legendären U-2-Flugzeuge findet man heute im Norwegischen Luftfahrtsmuseum in Bodø.

Die Liegezeit auf nordgehendem Kurs nutzt man in Bodø am besten zu einem Ausflug zum Gezeitenstrom Saltstraumen. Die Innenstadt ist zwar zu Fuß zu erreichen, aber lohnt den Besuch nur, wenn man einkaufen gehen möchte. Es gibt einen kleinen Hafen für Freizeitboote, bei Sonnenschein lockt ein Spaziergang hinaus auf die Mole.

Landgang

Von April bis Oktober kann man den Saltstraumen besuchen, den stärksten Gezeitenstrom der Welt. Dieser entsteht dadurch, dass sich die Wassermassen bei auf- und ablaufendem Wasser durch einen 150 Meter breiten Sund pressen müssen. Dabei kommt es durch den engen Durchlass zu einem so hohen Druck, dass Wassergeschwindigkeiten von bis zu 40 Stundenkilometern erreicht werden. Der Höhenunterschied der Wasseroberfläche zwischen dem Meer und dem Inneren des Fjords kann bis zu einem Meter betragen.

Von der Brücke über den Saltstraumen ist das brausende Schauspiel gut zu erkennen. Vorsicht an den Ufern: Nicht ohne Grund sind alle paar Meter Rettungsringe angebracht. Bei einem von drei Landausflügen ab Bodø wird der Saltstraumen mit stabilen Schlauchbooten befahren, die mit starken Außenbordern versehen sind.

Kleine Inseln und Holme an der Nordlandküste.

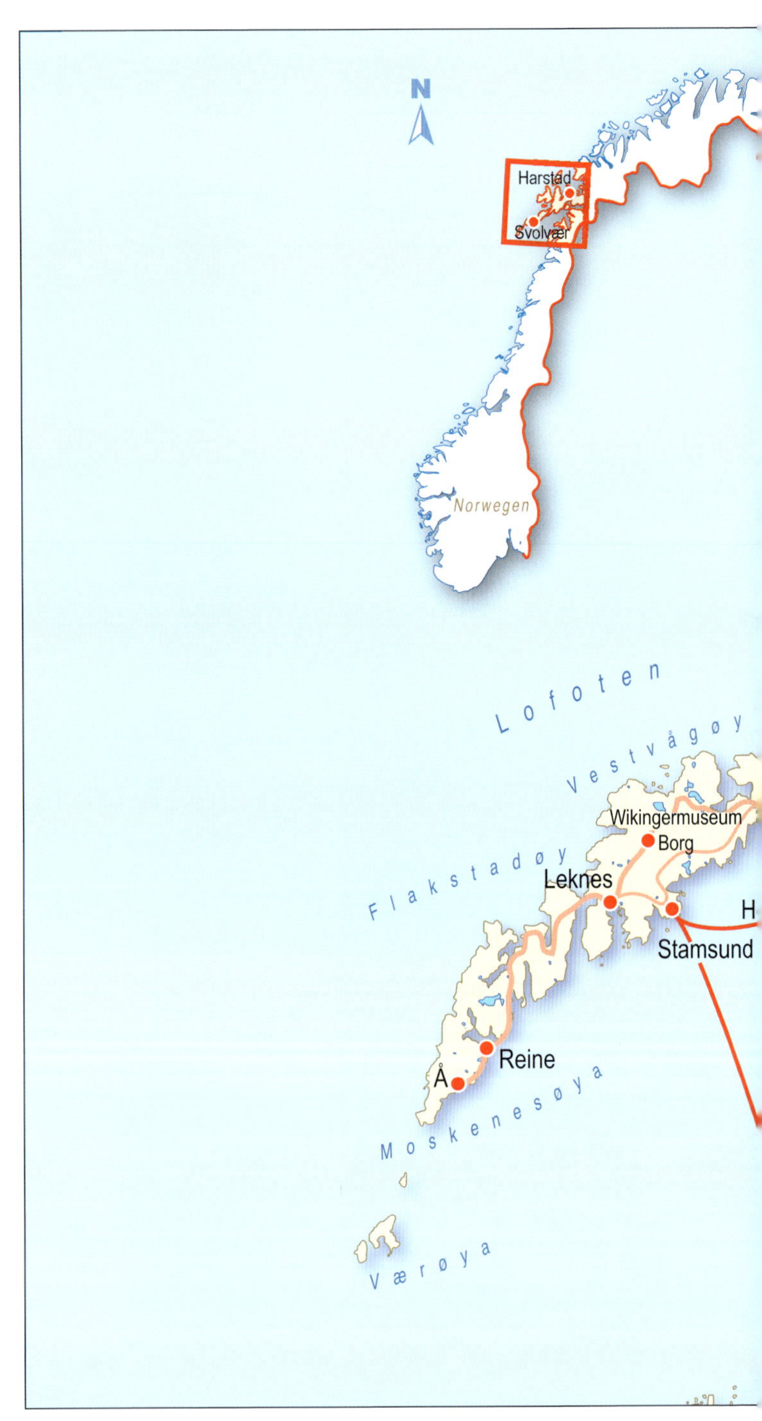
N
Harstad
Svolvær
Norwegen
Lofoten
Vestvågøy
Wikingermuseum
Borg
Flakstadøy
Leknes
Stamsund
Reine
Å
Moskenesøya
Værøya

RWEGISCHE
SEE
Andenes
Andøya
Risøyhamn
Harstad
Sortland
rknes
Tjeldsund
Raftsund
Narvik
Tjeldøya
Austvågøy
NORWEGEN
SCHWEDEN

Lofoten und Vesterålen

Die Inselgruppe der Lofoten und Vesterålen ist so etwas wie die Heimat von Hurtigruten. In Stokmarknes auf den Vesterålen wurde die Idee einer schnellen Verbindung in den Süden geboren, um Waren, vor allem Fisch, schneller an die großen Umschlagplätze in den Süden zu bringen. Man wollte die Dinge selbst in die Hand nehmen, statt von den großen Reedereien in Bergen und Trondheim abhängig zu sein.

Die Lofoten sind auf der etwa vierstündigen Passage von Bodø über den breiten Vestfjord nach Stamsund schon von Weitem zu erkennen. Wie eine Wand ragen sie aus dem Meer, zackig wie Stein gewordene Blitze, die von Götterhand ins Meer geworfen wurden. Zwischen 700 und 1000 Meter sind die steilen Berge hoch und aus der Entfernung mag man kaum glauben, dass am Fuß der Berge noch Platz für Siedlungen sein kann. Erst spät sind Häuser zu sehen, die Ortschaften verstecken sich in natürlichen Häfen, kleinen Buchten und hinter vorgelagerten Inseln.

Es ist eine dramatische Kulisse, die hier auf die Gäste an Bord wartet. Dass die Lofoten und Vesterålen seit weit über 1000 Jahren besiedelt sind, hat mit der Lofotfischerei zu tun, dem größten Saisonfischfang Europas. Dank des warmen Golfstroms ziehen Dorsche in großer Zahl zwischen Januar und März entlang der Lofoten. Tausende von Fischerbooten kamen früher aus ganz Norwegen zum Fischfang. Die Fangzahlen sind gesunken, doch noch immer ist die Lofotfischerei ein wichtiger Erwerbszweig für die Inselbewohner.

Die Unterkünfte für die Fischer, sogenannte Rorbuer, wurden auf Stelzen an das felsige Ufer gebaut. Sie dienen heute im Sommer Touristen als Unterkunft. Viele haben längst einen gehobenen Standard, verfügen über ein eigenes Bad und großzügige Wohnräume mit Blick auf das

Auch auf den Lofoten gibt es weiße Sandstrände.

Auf hölzernen Trockengestellen wird aus Dorsch Stockfisch.

Wasser. Der Tourismus ist für die Bewohner der Lofoten im Sommer zu einer wichtigen Einnahmequelle geworden. Aber der Sommer ist kurz, die Zahl der Unterkünfte knapp und die Nachfrage hoch. Deshalb sind die Preise auf den Lofoten höher als auf dem Festland.

Stamsund

Abfahrt nordgehend:
Tag 4, **19.40 Uhr**
Abfahrt südgehend:
Tag 9, **22.30 Uhr**

Stamsund ist vom Wasser aus nicht zu erkennen. Erst wenn das Schiff in eine kleine Bucht einbiegt, taucht der Anleger mit der Lagerhalle auf. Der Ort steht ganz im Zeichen des Fischfangs, drei Fischverarbeiter sind in dem 1000-Seelen-Dorf ansässig. Die touristische Infrastruktur beschränkt sich auf zwei Rorbu-Anlagen, ein Hotel und ein gutes Restaurant, das sich in einem ehemaligen Hafenspeicher befindet.

Landgang
Die Wikinger hatten auf den Lofoten eine größere Siedlung bei der Ortschaft Borg angelegt. Archäologen haben die Überreste eines Langhauses ausgegraben und anschließend in Originalgröße am ursprünglichen Platz rekonstruiert.
Dieses Wikingerhaus, aufgrund seiner Größe vermutlich ein Häuptlingssitz, beherbergt nun das Museum Lofotr.
Es gibt nur wenige Orte in Nordeuropa, wo sich die Wikingerkultur so anschaulich erleben lässt. Eigentlich passen die Öffnungszeiten des Museums nicht zu den Anlaufzeiten von Hurtigruten. Doch wenn auf der nordgehenden Tour eine kleine Gruppe zusammenkommt, öffnet Lofotr für die Hurtigrutengäste die Tür zum Wikingerhaus. Dort wird ein Wikingermahl serviert, zu dem hausgemachter Met gereicht wird. Der Bus bringt die Gäste dann zurück nach Svolvær zum Schiff. Auch für Individualreisende ein Tipp!

Das Dorf Henningsvær ist einen Ausflug wert.

Svolvær

Aufenthalt nordgehend:
Tag 4, **21.20 bis 22.15 Uhr**
Aufenthalt südgehend:
Tag 9, **18.30 bis 20.30 Uhr**

Svolvær ist mit über 4000 Einwohnern die größte Stadt der Lofoten. Hier gibt es einen kleinen Flughafen mit Regionalflügen nach Bodø, einen Hafen mit einer Fährverbindung nach Skutvik am Festland sowie Buslinien, die von den Lofoten über die 2007 eingeweihte neue E10 nach Harstad und weiter zum Festland fahren. Svolvær ist ein wichtiges Regionalzentrum mit Behörden, Werkstätten, Einkaufsmöglichkeiten und allem, was die Inselwelt zum Leben braucht.

Am Hafen in unmittelbarer Nähe des Hurtigrutenanlegers haben sich die ehemaligen Speicher herausgeputzt. Immer mehr Cafés und Restaurants sind entstanden, sodass hier im Sommer ein lebhaftes Treiben herrscht. Besucher aus aller Welt kommen nach Svolvær, weil hier die Hotelkapazität auf der Insel am größten ist.

Landgang

Eine Stunde liegt das Schiff nordgehend in Svolvær, südgehend sogar zwei Stunden. Da das Schiff im Zentrum festmacht, reicht die Zeit allemal für einen abendlichen Spaziergang entlang der Hafenmeile und ein Bier in einer der zahlreichen Kneipen. Natürlich stehen hier im Sommer Tische und Stühle draußen, das gehört in Norwegen dazu. Schließlich müssen die Raucher auch irgendwo sein dürfen. Hier kann man mit Blick auf den Hafen die langen Sommerabende genießen.

Hurtigruten bietet südgehend zudem eine Busfahrt über die Inseln bis nach Stamsund an. Dabei wird das Fischerdorf Henningsvær besucht, in dem sich zahlreiche Künstler niedergelassen haben. Zugestiegen wird wieder in Stamsund.

Eine Alternative ist auf der südgehenden Route die Seeadlersafari. Dazu steigen die Gäste in Stokmarknes aus und folgen dem Schiff in einem Ausflugsboot. Für Svolvær bleibt bei diesen beiden Landausflügen aber keine Zeit.

Stadtplan Svolvær

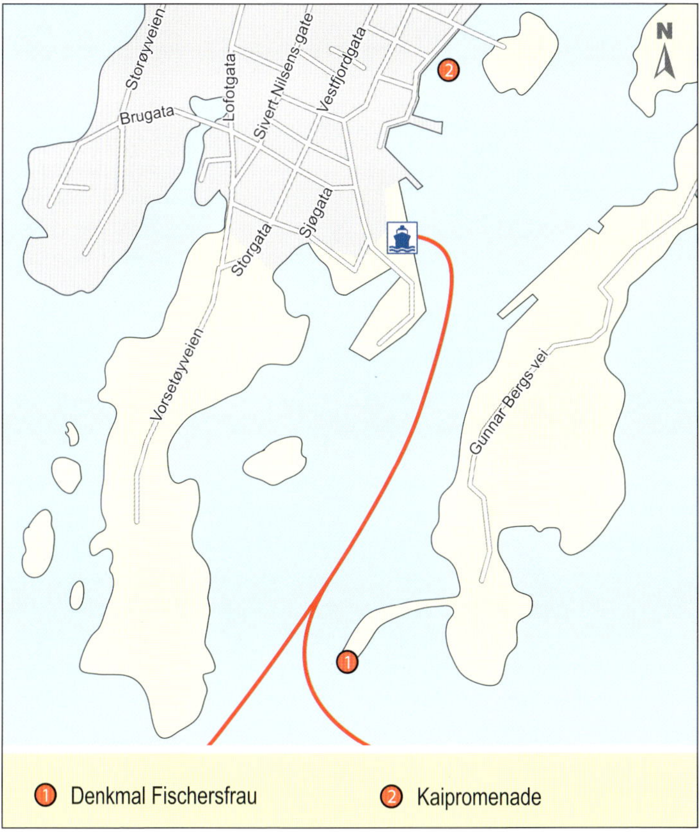

Storøyveien
Brugata
Lofotgata
Sivert-Nilsens-gate
Vestfjordgata
Storgata
Sjøgata
Vorsetøyveien
Gunnar-Bergs-vei
N

1 Denkmal Fischersfrau
2 Kaipromenade

Die HAVILA CASTOR *auf ihrer Fahrt entlang der Lofoten bei Svolvær.*

Speicherhäuser auf den Lofoten.

Sehenswert

Zwischen Svolvær und Stokmarknes passiert das Postschiff den schmalen Raftsund, der rund 20 Kilometer lang ist. Vom Raftsund wird, wenn das Wetter es zulässt, ein Abstecher in den kleinen Trollfjord gemacht, der bei Urlaubern enorm beliebt ist. Zwar kann man den Trollfjord nicht mit den großen Fjorden in Westnorwegen ver-

TIPP

Aufenthalt auf den Lofoten

Auf einer Reise mit Hurtigruten sieht man sehr viel von Norwegen. Es gibt aber ein paar Orte, an denen man sich mehr Zeit wünschen würde. Die Lofoten gehören eindeutig dazu. Wer keine halbe oder ganze Rundreise als Pauschalreise bucht, sondern die Schiffe nur für eine Teilstrecke nutzt, sollte für die Lofoten mindesten zwei bis drei Tage einplanen. Dann bleibt Zeit für einen Besuch der südlichsten Insel Moskenesøya, wo die Straße im Fischerdorf Å endet. Weiter in die verlassenen Dörfer Refsvik und Hell geht es nur noch per Boot. Das Dorf Reine liegt von hohen Bergen umgeben, Nusfjord steht auf der UNESCO-Liste des Welterbes. Es gibt so viel zu entdecken auf den Lofoten! Besonders interessant sind die Reisemonate März und April, aber auch der frühe Herbst kann sehr schöne Tage haben.

Die schöne Passage durch den Raftsund erfolgt südgehend tagsüber.

gleichen, jedoch verleihen die enge Durchfahrt und der wenige Platz, den das Schiff am Fjordende zum Wenden hat, dem Ganzen seinen ganz eigenen Reiz. Dank moderner Seitenstrahlruder ist dies heute alles kein Problem mehr. Nordgehend findet der Abstecher um Mitternacht statt, südgehend geht es am Nachmittag in den Trollfjord. Aber auch ohne den Trollfjord ist die Fahrt durch den Raftsund sehenswert.

Ein Spektakel für Touristen: Abstecher in den engen Trollfjord.

STOCKFISCH FÜR ITALIEN

Stockfisch ist seit Jahrhunderten der Exportschlager der Lofoten. Große Gerüste sind von Svolvær auf Austvågøy bis nach Å auf Moskenesøya nah am Ufer zu sehen, traditionell aus Holz gebaut. Da Salz wertvoll und schwer zu bekommen war, wurde die Trocknung schon früh als preiswerte und effektive Methode zur Konservierung eingesetzt.

Den Dorschen wird der Kopf entfernt, dann werden sie zu zweit an den Schwänzen zusammengebunden und über das Gestell gehängt. Dicht an dicht baumeln die Fischleiber an den Gestellen, bis alle Reihen geschlossen sind. Das sieht dann aus der Ferne aus, als hätten die Gestelle ein Dach bekommen. Wer sich wundert, warum die Möwen den toten Fisch in Ruhe lassen, muss nur einmal nah genug hingehen: Meistens findet sich irgendwo eine tote Möwe zwischen den Fischen. Und schon machen die anderen Möwen einen weiten Bogen um den trocknenden Dorsch.

Wichtig ist bei der Trocknung die richtige Temperatur. Knapp über 0 Grad und etwas Schnee sind optimal. Bei zu starkem Frost reißt das Gewebe, ist es zu warm, könnten Insekten an den Fisch gehen. Auf den Lofoten ist das Klima im Winter optimal für Trockenfisch. Die meiste Arbeit verrichtet der Wind: Drei Monate bleibt der Fisch hängen und trocknet langsam an der Luft aus. Dabei verliert er rund 70 Prozent Wasser. Während dieser Zeit hängt eine Dunstglocke über den Inseln, die an windstillen Tagen eine »geduldige« Nase erfordert. Glücklicherweise weht fast immer eine frische Brise.

Die Ausfahrt von Stokmarknes führt unter der Brücke hindurch.

Durch den Entzug der Feuchtigkeit wird der Stockfisch sehr hart. Sich ein Stück mit den Fingern herauszubrechen, ist kaum möglich. »Nordnorwegischer Kaugummi« nennen die Südnorweger den von ihnen wenig geliebten Stockfisch abschätzig. Aber es gibt andere, für die der getrocknete Dorsch geradezu eine Delikatesse ist. In katholischen Ländern spielt er in der Fastenzeit eine große Rolle. Und so ist es kein Wunder, dass den italienischen Aufkäufern die roten Teppiche ausgerollt werden, wenn sie auf die Lofoten kommen. Wer auf den Lofoten mit »Stoccafisso« handelt, muss Italienisch lernen, das ist Pflichtfach für einen Fischverkäufer. Nach Italien werden die besten Fische verkauft, selbst die Bezeichnungen sind traditionell italienisch: Ragno, Westre Magro und Grand Premier heißen die besten Qualitäten für den norditalienischen Markt. Hollandese (Holländer) und Bremese (Bremer) gehen vornehmlich nach Süditalien. Weitere wichtige Absatzmärkte sind die USA, Portugal und einige afrikanische Länder, z. B. Nigeria. Stockfisch hat einen hohen Nährwert, ein Kilogramm getrockneter Dorsch entspricht etwa fünf Kilogramm Lebendfisch.

Zubereitet wird Stockfisch auf sehr unterschiedliche Arten, eines ist aber klar: Zuerst muss er gewässert werden, damit man den steifen Dorsch überhaupt mit einem Messer zerteilen kann. Wer in Mailand oder Lissabon ein Fischrestaurant aufsucht, findet bestimmt Bacalau, wie Stockfisch auch heißt, auf der Karte.

Auf den Lofoten sucht man ihn hingegen meistens vergeblich auf den Speisekarten. Die Einheimischen essen den Dorsch lieber frisch, und zwar gekocht. Mit Salzkartoffeln und Rogen – pur sozusagen.

Stokmarknes

Abfahrt nordgehend:

Tag 5, **1.40 Uhr**

Aufenthalt südgehend:

Tag 9, **14.15 bis 15.15 Uhr**

Stokmarknes ist die Heimat der Reederei Vesteraalens Dampskibsselskab (VDS), hier befindet sich die Keimzelle von Hurtigruten. Am 2. Juli 1893 nahm das erste Schiff der Reederei aus Stokmarknes die Fahrt auf, es fuhr von Trondheim bis nach Hammerfest und zurück. Die Reederei um Kapitän Richard With hatte bei der ersten Ausschreibung des norwegischen Staats den Zuschlag erhalten. 1894 konnten sich die großen Reedereien, Det Bergenske Dampskibsselskab und Det Nordenfjeldske Dampskibsselskab, den zweiten Hurtigrutenvertrag sichern. VDS beteiligte sich auch zu den besten Zeiten von Hurtigruten nie mit mehr als drei Schiffen, weil das Kapital fehlte.

Sehenswertes

Stokmarknes ist genau der richtige Ort für ein Museum über die Geschichte von Hurtigruten. Im Hurtigrutenhaus nahe dem Kai kann man während der Liegezeit auf der südgehenden Route die Ausstellung besuchen. An Land liegt die FINNMARKEN von 1956, die bei Blohm & Voss in Hamburg gebaut wurde und die ein Schwesterschiff der noch fahrbereiten NORDSTJERNEN ist. Das Museum

Die FINNMARKEN von 1956 liegt in Stokmarknes als Museumsschiff.

gehört nicht der Reederei, sondern wurde von einem Verein betrieben. Nach langem Hin und Her wurde 2019 mit dem architektonisch interessanten Neubau des Museums begonnen, obwohl noch nicht alle Pläne fertig waren. So konnte die FINNMARKEN, an der der Zahn der Zeit doch arg genagt hatte, zu guter Letzt doch noch konserviert werden.

Sortland

Abfahrt nordgehend:

Tag 5, **3.10 Uhr**

Abfahrt südgehend:

Tag 9, **13.00 Uhr**

Sortland liegt in der Mitte der Inselgruppe der Vesterålen. Da hier die Brücke hinüber in Richtung Festland führt, ist der Verkehrsknotenpunkt

Die Lofoten wirken im Winter noch dramatischer als im Sommer.

in den vergangenen Jahren weiter gewachsen. Übrigens ist Sortland der einzige Ort auf den Vesterålen, dessen Bevölkerung wächst. Knapp 10 000 Menschen leben in der Gemeinde Sortland, die allerdings größer ist als der Ort rund um den Hurtigrutenanleger. Die Liegezeit ist zu kurz, um sich mehr als die Füße zu vertreten. Da das Schiff am Frachtkai liegt, gibt es an Land auch nicht viel zu sehen.

Risøyhamn

Abfahrt nordgehend:
Tag 5, **4.50 Uhr**
Abfahrt südgehend:
Tag 9, **11.00 Uhr**

Richard With, der Mitbegründer von Hurtigruten, stammt aus Risøyhamn. Der Anschluss der Vesterålen an Hurtigruten war With ein besonderes Bedürfnis. In den Anfangsjahren fuhren die Schiffe nämlich durch den weiter südlich gelegenen Tjeldsund von den Lofoten weiter nach Harstad. Erst seit dem Vertiefen der Risøyrinne 1922, die With als Abgeordneter im Storting angeregt hatte, konnten die Schiffe die bis heute übliche Route über Sortland und Risøyhamn nach Harstad nehmen.

Risøyhamn liegt im Süden der Insel Andøya, an ihrem äußersten nordwestlichen Ende findet sich Andenes. Dazwischen trifft man auf rund 100 Kilometer Heidelandschaft, Moore und einen hohen Bergzug: Andøya ist eine große Insel. Andenes verdankt seine Entstehung der Nähe zu den guten Fischgründen im Atlantik rund um die Lofoten und Vesterålen. Doch nicht nur die Fischerei spielte hier immer eine wichtige Rolle, sondern auch der Küstenwalfang. Heute wird in Andenes Weltraumforschung betrieben. Für Touristen werden im Sommer Walsafaris angeboten. Auf Andøya wachsen viele wilde Moltebeeren, die man hier auch das »Gold von Andøya« nennt. Während die Ostseite der Insel an manchen Stellen geradezu lieblich wirkt, gibt sich die zum offenen Meer gewandte Westseite schroff und rau.

Die Vesterålen sind nicht ganz so dramatisch wie die Lofoten.

Stadtplan Harstad

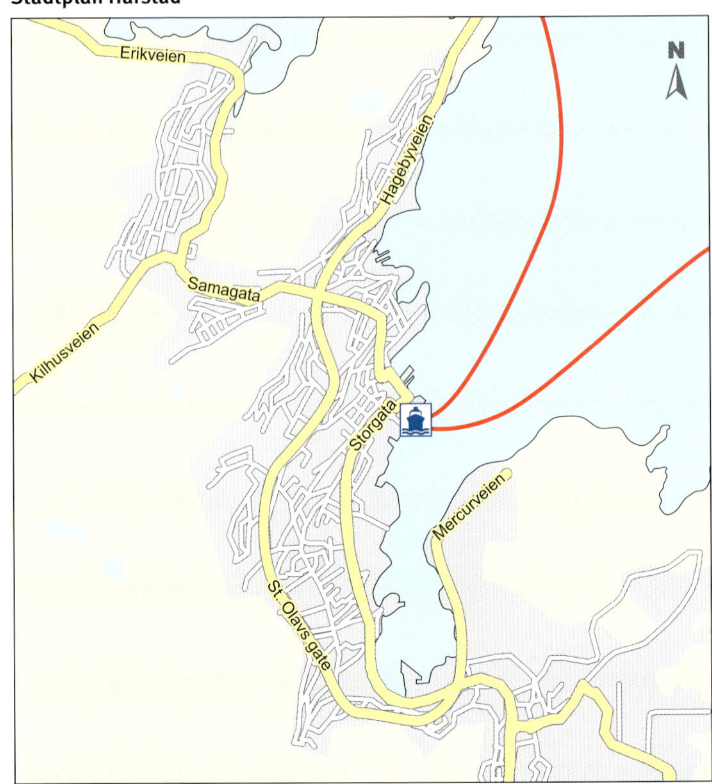

Harstad

Aufenthalt nordgehend:
Tag 5, **7.10 bis 7.45 Uhr**
Aufenthalt südgehend:
Tag 9, **8.00 bis 8.30 Uhr**

Harstad gehört geografisch und verwaltungstechnisch eigentlich schon nicht mehr zu den Vesterålen, sondern bereits zum Fylke Troms. Aber durch seine Lage auf der Insel Hinnøya ist die ungefähr 20 000 Einwohner zählende Stadt doch stark mit den Lofoten und Vesterålen verbunden. Der schmale Tjeldsund, der Hinnøya und das Festland voneinander trennt, wird seit 1967 von einer Brücke überspannt.

Als einer der Stadtväter gilt Rikard Kaarbø, der in Harstad 1895 eine Werft gründete. Bei Kaarbø Mekaniske Verksted wurde 1983 die bis heute im Betrieb befindliche VESTERÅLEN gebaut. Sie ist damit das einzige Schiff von Hurtigruten, das aus Nordnorwegen stammt.

Von Andenes aus werden Walsafaris angeboten.

DEN WALEN SO NAH

Von Andenes fährt man nur etwa eine Stunde mit dem Schiff bis zum unterseeischen Rand des Festlandsockels, wo die tiefe See beginnt. Nirgendwo in Europa tauchen die Blau- und Zwergwale so nah der Küste auf. Manchmal sind auch die selteneren Finn- und Pottwale zu sehen.

Da bot es sich an, von hier aus Schiffstouren mit interessierten Touristen durchzuführen. Seit 1989 gibt es die Walsafaris vor Andenes. Sie dauern drei bis vier Stunden und werden in der Saison mit zwei verschiedenen Schiffen durchgeführt. Die Wahrscheinlichkeit, einen oder mehrere Wale zu sehen, ist hier sehr hoch. Biologen begleiten die Ausfahrten und erklären das Gesehene mehrsprachig. An Land gibt es ein Walzentrum mit einer Ausstellung. Auch Forscher arbeiten im Walzentrum von Andenes.

Am Anfang der Walsafaris stand das Walfangmoratorium der Internationalen Walfangkommission (IWC) von 1986, das nur noch eine kleine Fangquote für wissenschaftliche Zwecke erlaubte. Die nordnorwegischen Walfänger protestierten, denn sie sahen ihre Lebensgrundlage gefährdet – und fühlten sich im Recht. Sie haben immer den Unterschied zwischen dem Raubbau betreibenden industriellen Walfang und dem Küstenwalfang mit kleinen Schiffen betont, wie er vor den Lofoten und Vesterålen üblich war. Das Wissen der Walfänger machten sich die Organisatoren der Walsafaris zunutze. 1988 gab es erste Testfahrten, damals noch mit einem ausrangierten Walfangschiff, das vorn weiterhin seine Harpune trug. 1989 fing man mit ein paar Hundert Gästen den regulären Betrieb während der Sommermonate an. Inzwischen nehmen jedes Jahr rund 15 000 Touristen die Möglichkeit wahr, Wale zu beobachten.

Die Walsafari bei Andenes ist ein Grund mehr, den Lofoten und Vesterålen einen längeren Besuch abzustatten. Informationen finden sich unter www.whalesafari.no.

N
Honningsvåg
Hammerfest
Vardø
Tromsø
Kirkenes
Norwegen
Skjervøy
Øksfjord
Tromsø
Senja
Finnsnes
Harstad

B A R E N T S -
S E E
Nordkap
øysund
Honningsvåg
Mehamn
Kjøllefjord
Gamvik
Varanger-
Halbinsel
Berlevåg
Båtsfjord
Vardø
Vadsø
Kirkenes
E N
Karasjok
Pasvik-
Nationalpark
R U S S L A N D
I N N L A N D

Troms und Finnmark

Von Harstad, der westlichsten Stadt der Region Troms, bis nach Kirkenes, der östlichsten Stadt der Region Finnmark, sind es auf der Straße rund 1000 Kilometer, mehr als von Passau nach Flensburg. In diese beiden Regionen passt Deutschland somit einmal quer hinein. Gemeinhin denkt man bei Norwegen nur an die Nord-Süd-Ausdehnung, aber dass dieses lang gezogene Land auch enorme Distanzen in der Ost-West-Ausdehnung hat, wird einem erst bewusst, wenn man Norwegen selbst bereist.

Die Region Troms rückt in der öffentlichen Wahrnehmung ein wenig in den Hintergrund, weil seine Hauptstadt Tromsø alles überstrahlt. Das ist schade, denn mit der wunderbaren Insel Senja und der Lyngen-Halbinsel verfügt Troms über zwei höchst interessante Gebiete, die von Touristen bislang nur in geringem Umfang entdeckt worden sind.

Ähnlich ergeht es der Finnmark mit seiner Hauptstadt Vadsø. Die gesamte Region steht – aus Sicht der Urlauber – ganz im Zeichen des Nordkaps.

Wer sich aber nur für das Nordkap interessiert, wird die Finnmark nicht verstehen. Wie hier im äußersten Norden am Rand der Barentssee gelebt wird, kann man in den Dörfern entdecken, die von Hurtigruten zwischen Kjøllefjord und Kirkenes angelaufen werden. Eine einsame, raue Küste mit unglaublichen Distanzen zwischen den Dörfern, die sich bis zur russischen Grenze zieht: Finnmark ist viel mehr als nur das Nordkap.

An der Küste südlich von Tromsø.

Finnsnes, kurz bevor ein Regenschauer den Ort erreicht.

Finnsnes

Abfahrt nordgehend:
Tag 5, **11.30 Uhr**
Abfahrt südgehend:
Tag 9, **4.40 Uhr**

Finnsnes ist das Tor zur Insel Senja, die über eine Brücke zu erreichen ist. Damit bildet Finnsnes das Unterzentrum der Region. Mit über 4000 Einwohnern ist der Ort fast so groß wie Sandnessjøen weiter südlich. Die Insel streckt ihre Halbinseln wie Finger ins Nordmeer. Die Postschiffe fahren auf der anderen Seite von Senja durch den Solbergfjord und den Gisund, sodass die Passage geschützt hinter der Insel verläuft. So sieht man nicht die hohen Felsen zum Meer hin, sondern überwiegend die fruchtbare Ebene im Süden und Osten Senjas. Senja ist die zweitgrößte Insel Norwegens, auf ihr liegt der 1975 eingerichtete Nationalpark Ånderdalen. Birken- und Kieferwälder wechseln mit schroffen Granitflächen, die Pflanzen wenig Halt bieten.

Die Liegezeit in Finnsnes ist kurz, vom Ort sieht man also wenig. Im Unterschied zu den meisten anderen Kaianlagen, auf denen nur eine Lagerhalle steht, verfügt Finnsnes über ein neues, schön gemachtes Fährterminal mit Warteraum. Es dient auch den Schnellfähren und Fernbussen als Haltepunkt.

Tromsø

Aufenthalt nordgehend:
Tag 5, **14.15 bis 18.15 Uhr**
Aufenthalt südgehend:
Tag 8/9, **23.45 bis 1.30 Uhr**

Das Tor zum Polarmeer, das Paris des Nordens: Tromsø schmücken viele Beinamen. Mit knapp 60 000 Einwohnern ist Tromsø die größte Stadt Nordnorwegens und weltweit eine der wenigen größeren Städte nördlich des Polarkreises. Oder, wie man in Tromsø gern sagt, die letzte Großstadt vor dem Nordpol. Tromsø liebt die Superlative: die nördlichste

Tromsø ist über eine Brücke mit dem Festland verbunden.

Universität der Welt, die nördlichste Brauerei der Welt – alles ist hier das nördlichste der Welt.

Aber auch in Norwegen hat die Universitätsstadt einen Ruf zu behaupten: Mit Stavanger streitet man sich seit Jahren darum, wer mehr Restaurantstühle pro Kopf aufweisen kann und wer das beste Nachtleben hat. Zumindest im Sommer ist Tromsø beim Nachtleben ganz vorn mit dabei, es wird ja nicht dunkel. Tromsø ist eine lebhafte Stadt mit einem richtigen Zentrum, eine Stadt, deren Puls auch für Besucher fühlbar ist. Der norwegische Dichter und Literaturnobelpreisträger Bjørnstjerne Bjørnson (1832 bis 1910) schrieb schon im 19. Jahrhundert an seine Frau: »Hier gibt es nur Champagner und Spektakel.« Die Postschiffe legen im Zentrum an, mit wenigen Schritten ist man in der Fußgängerzone. Vier Stunden Liegezeit bieten auf der nordgehenden Route Raum für eine ausführliche Entdeckung der Stadt, ob per organisiertem Landausflug oder auf eigene Faust. Südgehend sind es nachts knapp zwei Stunden, aber wenn es im Sommer nicht dunkel wird, spielt die Uhrzeit für einen Spaziergang keine Rolle.

Historie

Eine Besiedlung ist bereits aus der Steinzeit nachweisbar. In den Isländersagas finden sich ebenfalls Hinweise, dass es in der Region Siedlungen gab. 1252 wurde die erste Kirche gebaut, Reste einer wahrscheinlich spätmittelalterlichen Festung sind erhalten. Rund um die Kirche entstand ein Kirchdorf, ähnlich wie die samischen Kirchdörfer, die sich in Schweden noch finden. Sie waren nicht ständig bewohnt, man traf sich mehrmals im Jahr zum Kirchgang; dann wurden die kleinen Häuser und Hütten benutzt.

Die genaue Grenzziehung im hohen Norden zwischen den dänisch-norwegischen Herrschern, den Schweden und den Russen blieb über mehrere Jahrhunderte ungeklärt. Im

Stadtplan Tromsø

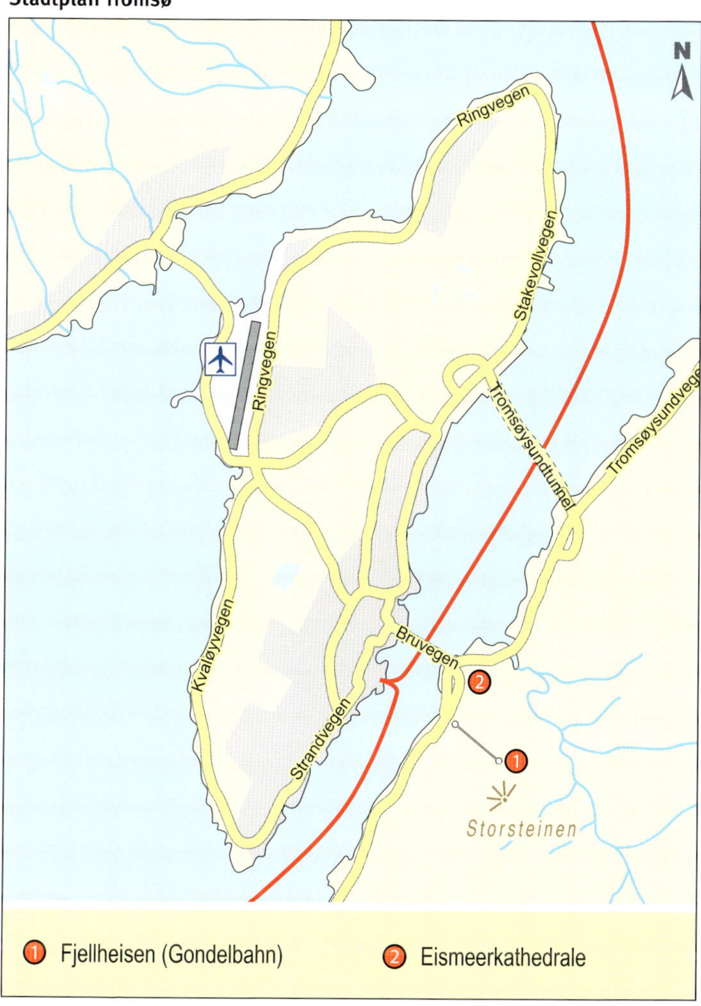

14. Jahrhundert stieß Tromsø an das russische Einflussgebiet, war also eine Art Grenzposten. 1789 fielen die Handelsprivilegien der Stadt Bergen, sodass nun auch der Norden Norwegens Handel, mit wem er wollte, treiben durfte. Damit wurde der Grundstein für die weitere Entwicklung Tromsøs gelegt. König Christian VII. von Dänemark-Norwegen wünschte eine Stadtgründung im Norden und die Wahl fiel auf das seinerzeit 80 Einwohner zählende Tromsø. 1794 wurde die Urkunde unterzeichnet, die der kleinen Siedlung Tromsø Stadtprivilegien einräumte.

In den Napoleonischen Kriegen wurde die dänisch-norwegische Garnison in Tromsø 1812 von englischen Truppen angegriffen, konnte den Angriff aber abwehren. In die Weltpresse schaffte es Tromsø durch die Po-

Die Eismeerkathedrale heißt offiziell Tromsdalens Kirke.

larexpeditionen von Fridtjof Nansen und Roald Amundsen. Häufig war Tromsø der Anfangs- oder Endpunkt der Nordpolexpeditionen. Im Zweiten Weltkrieg blieb Tromsø im Gegensatz zu Bodø von größeren Schäden verschont. Viele Flüchtlinge aus der Finnmark suchen Schutz in der Stadt. Eine neue, positive Entwicklung begann in den 1960er-Jahren. 1964 wurde der Flugplatz eröffnet, 1968 bekam Tromsø seine Universität. Seit 1964 hat sich die Einwohnerzahl verdoppelt. Die Insel, auf der Tromsø liegt, wurde über Brücken ans Festland angebunden. Es gab in der Geschichte Tromsøs keineswegs immer Champagner, aber heute ist Tromsø unbestritten die Metropole Nordnorwegens.

Sehenswertes

Am bekanntesten ist Tromsdalens Kirke, jedoch nicht unter diesem Namen. Im Volksmund heißt die 1965 erbaute Kirche Eismeerkathedrale. Sie liegt im Ortsteil Tromsdalen auf dem anderen Ufer. Über die Brücke ist sie in etwa 25 Minuten zu Fuß zu erreichen. Man kann aber auch den Bus oder ein Taxi nehmen. Zehn Minuten weiter ist es zur Talstation der Kabinenbahn Fjellheisen, die Besucher auf den 420 Meter hohen Berg Storsteinen bringt. Hier oben gibt es nicht nur eine Cafeteria, sondern auch ein ausgedehntes Wandergebiet auf der Hochebene. Der Blick reicht weit über Tromsø bis auf die Berge der Insel Kvaløya. In der Zeit der Mitternachtssonne verkehrt die Gondelbahn von Mai bis August bis 1 Uhr nachts. Vorsicht: Wer auf die (bei Sonnenschein an sich großartige) Idee kommt, beim mitternächtlichen Anlauf südgehend noch mal schnell auf den Storsteinen fahren zu wollen, sollte sich unbedingt an der Talstation das Taxi für die Rückfahrt vorbestellen, damit das Schiff nicht verpasst wird!

Tromsøs Rolle in der Geschichte der Polarexpeditionen beleuchtet das Polarmuseum im Zentrum. Das Museum wirkt ein wenig angestaubt,

Stadtplan Tromsø (Detailansicht)

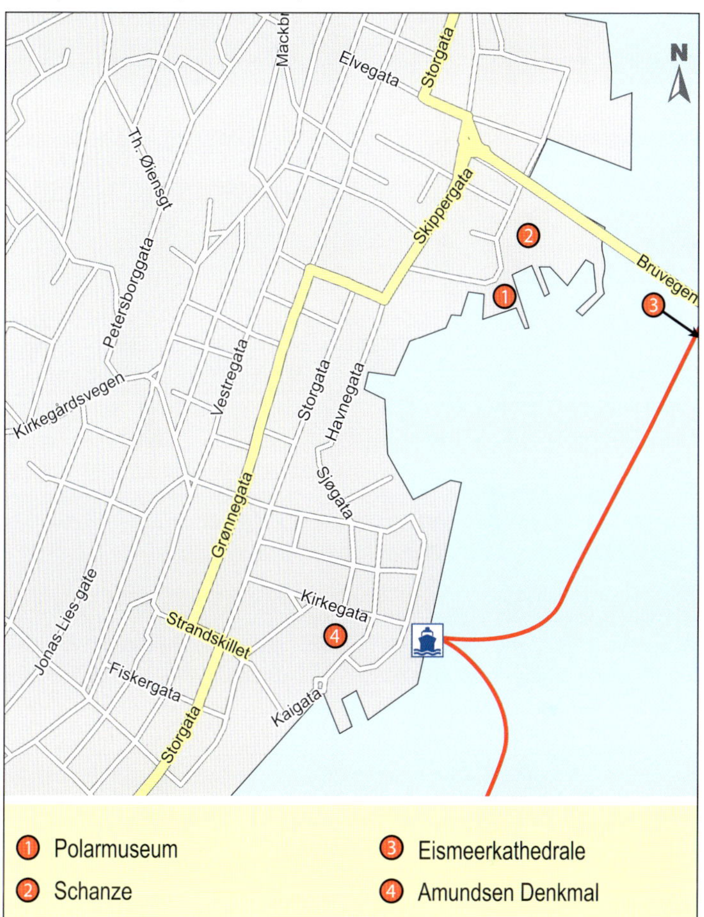

die sonst im Norden so oft lobenswerte Museumspädagogik hat das Polarmuseum noch nicht erreicht. Trotzdem ist es spannend, Exponate von Amundsens und Nansens Reisen zu sehen.

Landgang

In Tromsø hat man als Passagier der Postschiffe mehr Auswahlmöglichkeiten als Zeit. Man kann die Stadt sowohl auf eigene Faust erkunden als auch an verschiedenen organisierten Touren der Reederei teilnehmen. Insgesamt sieben unterschiedliche Angebote stehen in Tromsø zur Wahl, davon sechs auf der nordgehenden Route und eines, wenn die Schiffe zurück gen Süden fahren. Das macht Sinn, weil der Aufenthalt südgehend am späten Abend nur zwei Stunden dauert, während in die Gegenrichtung tagsüber vier Stunden zur Verfügung stehen.

Ganzjährig angeboten wird das mitternächtliche Konzert in der Eismeer-

Rentiere können auch Schlitten ziehen.

kathedrale, die vom Anleger aus schnell per Bus zu erreichen ist.
In Fahrtrichtung Nordkap ist die Auswahl an buchbaren Landausflügen je nach Jahreszeit wie gesagt größer. Ganzjährig angeboten wird eine Stadtrundfahrt mit Besuch von Museen, die aber mit 179 Euro (Stand

Das Polarmuseum zeigt Exponate von Amundsens Expeditionen.

An der Küste nördlich von Tromsø.

April 2024) recht hochpreisig ausfällt. Vieles von dem, was auf dieser Tour zu sehen ist, lässt sich mit etwas Vorbereitung individuell günstiger besuchen. Das gilt auch für den im Winter angebotenen polarhistorischen Stadtrundgang, liegt das Polarmuseum doch in fußläufiger Entfernung zum Anleger. Wer Lust auf ein bisschen Abenteuer hat, kann im Winter auf der Insel Kvaløya die Huskys besuchen. Für eine »richtige« – im Sinne von längere – Hundeschlitten-Tour reicht die Liegezeit des Schiffes aber nicht. Schneeschuhwanderung und Langlauf sind winterliche Landausflüge für Seereisende, die es aktiv mögen. Auch wenn gern von der dunklen Jahreszeit gesprochen wird: Es gibt zwischen 11 und 15 Uhr eine relativ lange Dämmerung, selbst wenn die Sonne den Horizont nicht überschreitet. Im Frühling, Sommer und Herbst wird als Aktivität eine Erkundung von Tromsø mit dem E-Bike angeboten. Ob einem eine dreistündige Tour mit Guide auf dem Fahrrad 174 Euro (Stand April 2024) wert ist, muss jeder selbst entscheiden.

Skjervøy

Abfahrt nordgehend:
Tag 5, **22.25 Uhr**
Abfahrt südgehend:
Tag 8, **19.45 Uhr**

Skjervøy ist das kommunale Zentrum für neun Inseln, die zu der 2000 Einwohner zählenden Gemeinde gehören. Durch eine Brücke ist auch Skjervøy an die 36 Kilometer entfernte E6 angeschlossen. Ein Katamaran verbindet Skjervøy mit Tromsø. Bis zum nächsten Flughafen fährt man rund 45 Minuten, sofern die Straßenverhältnisse es im Winter zulassen. Das zeigt, wie wichtig die Schiffsverbindungen in diesem Landesteil sind.

Skjervøy liegt abseits der Verkehrsströme auf einer Insel.

LEONHARD SEPPALA UND DIE SIBERIAN HUSKYS

Leonhard Seppala (1877 bis 1967) war von der Abstammung her »kvensk«. So bezeichnet man finnischstämmige Einwanderer, die im 18. und 19. Jahrhundert nach Nordnorwegen zogen. In Alter von zwei Jahren kam Leonhard Seppala nach Skjervøy und gilt bis heute als der berühmteste Sohn der Stadt – obwohl er 1900 nach Klondyke auswanderte, um Gold zu schürfen, und zeitlebens in Alaska blieb. Dass man sich an ihn in Skjervøy erinnerte, hängt mit seinem Talent als Hundeschlittenführer zusammen.

1906 traf er erstmals Roald Amundsen, für den er die Schlittenhunde für eine Expedition trainieren sollte. Sein erstes Hundeschlittenrennen in Alaska gewann Seppala 1907, ab 1917 gewann er alle wichtigen nordamerikanischen Rennen. Einen legendären Ruf erlangte Seppala 1925, als in Nome die Diphtherie ausbrach. Wegen Temperaturen von –45 Grad und starkem Sturm konnte kein Serum eingeflogen werden. So wurde ein Staffellauf mit Hundeschlitten organisiert.

Seppala übernahm für einen Teil der Strecke das Serum und legte für diese Hilfsaktion über 500 Kilometer unter harschen Bedingungen im winterlichen Alaska mit dem Hundeschlitten zurück. Nach fünfeinhalb Tagen erreichte das Serum Nome. Die Ehre heimste jedoch sein norwegischer Landsmann Gunnar Kaasen aus Kvenangen ein, der die letzte Etappe nach Nome bewältigte. Kaasens Leithund Balto erhielt ein eigenes Denkmal im Central Park von New York. Seppala war wenig begeistert, hatte sein Leithund Togo doch die Hauptarbeit geleistet.

Seppala gehörte zu den Ersten, die Siberian Huskys einsetzten. Ihn überzeugte die Ausdauer der im Vergleich zu anderen Huskys kleineren sibirischen Huskys. Bei den Winterspielen in Lake Placid 1932 gab es einen Wettbewerb für Schlittenhunde, bei dem Seppala die Silbermedaille für die USA gewann. Seine Berühmtheit nutzte er, um Zigarettenwerbung für die Marke Lucky Strike zu machen. 1950 kehrte Seppala zum letzten Mal zurück in seine Heimatstadt Skjervøy. In Norwegen gibt es bis heute ein Hundeschlittenrennen, das nach Leonhard Seppala benannt ist. Und in Skjervøy findet sich ein kleiner Park, der seinen Namen trägt.

An Bord der KONG HARALD *bei Sandnessjøen.*

Øksfjord

Abfahrt nordgehend:

Tag 6, **2.00 Uhr**

Abfahrt südgehend:

Tag 8, **16.05 Uhr**

Øksfjord gehört zu den Orten, die von Hurtigruten abhängig sind. »Reichsstraße Nummer eins«, so nannte man Hurtigruten früher. Für Orte wie Øksfjord mit knapp 500 Einwohnern, die bis in die nächste Stadt Alta 120 Kilometer fahren müssen, ist Hurtigruten weiterhin die Nabelschnur, die alles Lebensnotwendige in den Ort bringt. Eine große Fischölfabrik wurde in den 1980er-Jahren geschlossen, heute lebt man von Fischfang und Fischaufzucht.

Hammerfest

Aufenthalt nordgehend:

Tag 6, **5.05 bis 5.45 Uhr**

Aufenthalt südgehend:

Tag 8, **11.00 bis 12.45 Uhr**

Von 1789 bis 1996 war Hammerfest die nördlichste Stadt Norwegens. Dann erhielt Honningsvåg Stadtrechte und löste Hammerfest ab. Völlig zu Unrecht, meinen jedoch die verärgerten Einheimischen: Das norwegische Recht sieht den Stadtstatus nämlich erst ab 5000 Einwohner vor, Honningsvåg habe aber nur 2000, argumentiert man in Hammerfest. Pech für Hammerfest: Der Stadtstatus von Honningsvåg wurde beschlossen, bevor dieses Gesetz in Kraft trat.

Stadtplan Hammerfest

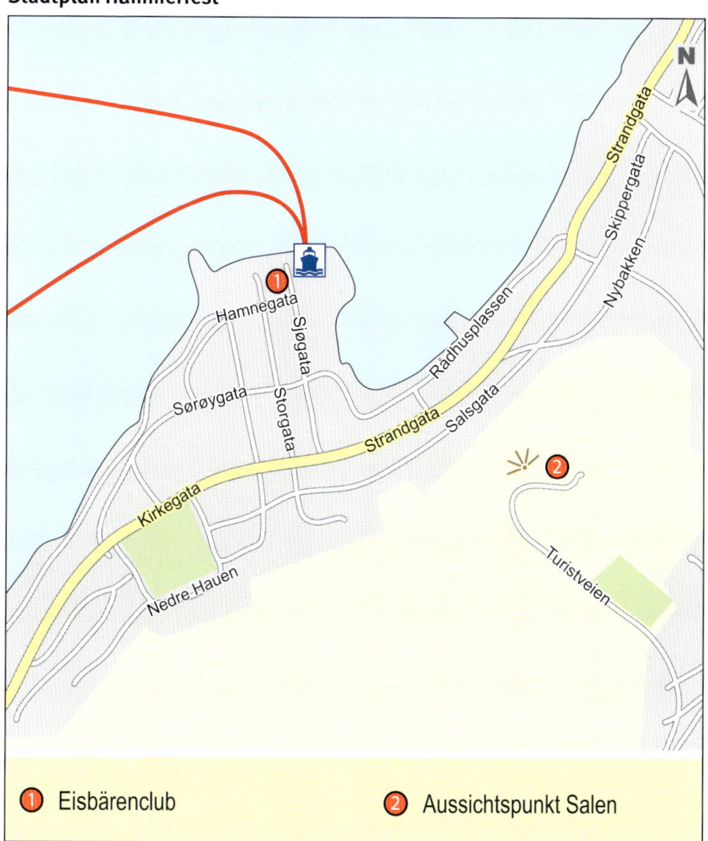

Die nördlichste Stadt zu sein, reichte in den Kindertagen des Tourismus als Argument, Hammerfest zu besuchen. Findige Bürger gründeten 1963 den Eisbärenclub oder genauer gesagt The Royal and Ancient Polar Bear Society. Wer nach Hammerfest kommt und den Mitgliedsbeitrag bezahlt, darf sich die Ausstellung anschauen, bekommt eine Anstecknadel sowie eine Urkunde, dass er dort war – und wird dadurch zum Mitglied. 278 000 Mitglieder weltweit verzeichnet der Eisbärenclub. Was für eine erfolgreiche Marketingidee!

Hammerfest wurde während des Zweiten Weltkriegs während des Rückzugs der deutschen Truppen geräumt und komplett niedergebrannt, nur die Friedhofskapelle von 1937 blieb verschont. Seine Städtepartnerschaften hat sich Hammerfest sehr überlegt ausgesucht: Anchorage als eine der nördlichsten Städte Alaskas gehört ebenso dazu wie Ushuia auf Feuerland. In diesem Kreis fühlt man sich heimisch.

Vor Hammerfest im Nordmeer wurden große Gasvorkommen gefunden. Das Gasfeld Snøhvit wurde 1981 entdeckt. 2001 nahmen die Pläne,

Hammerfest hat durch die Förderung von Gas wirtschaftlich profitiert.

das Gasvorkommen zu nutzen, Form an; 2002 beschloss das norwegische Parlament, den Ausbau zu erlauben, was zu starken Protesten von norwegischen Umweltschützern führte. 2007 ging die Anlage in Betrieb. Über eine 143 Kilometer lange unterseeische Pipeline wird das Gas auf die teilweise künstlich angelegte Insel Melkøya vor Hammerfest gepumpt. Umweltschützer kritisieren vor allem den großen CO_2-Ausstoß der Anlage. Über der Anlage wird ständig Gas abgefackelt, sodass eine große Flamme weit zu sehen ist.

Havøysund

Abfahrt nordgehend:

Tag 6, **8.45 Uhr**

Abfahrt südgehend:

Tag 8, **8.15 Uhr**

Havøysund ist ein Fischerdorf an der nordwestlichen Spitze der Porsanger-Halbinsel.

Zwei Fischfabriken und die nördlichste Klippfischherstellung kann die 1000-Seelen-Gemeinde vorweisen. Von See aus ist der große Windpark zu sehen, den Norsk Hydro hier erbauen ließ.

Bescheidenes Augustwetter in Havøysund.

Honningsvåg

Aufenthalt nordgehend:
Tag 6, **10.55 bis 14.30 Uhr**
Abfahrt südgehend:
Tag 8, **6.00 Uhr**

Durch den Måsoysund fährt das Schiff auf die Insel Mageroya zu: Das Nordkap ruft. Wo früher eine Fähre den Magerøysund kreuzte, verbindet heute ein Tunnel das Festland mit der Insel, auf der das Nordkap liegt. Noch einmal leicht nach Backbord drehen, dann kommt Honningsvåg in Sicht. Natürlich profitiert die nunmehr nördlichste Stadt Norwegens vom Tourismusmagneten Nordkap. Vier Hotels, eine Tankstelle und ein Anleger für Kreuzfahrtschiffe zeugen von der Anziehungskraft. Über 100 Anläufe von Kreuzfahrtschiffen zählt Honningsvåg jedes Jahr, Tendenz steigend.
Trotzdem kann die Kleinstadt nicht verleugnen, dass sie eigentlich eine Zwecksiedlung für Fischer ist, ein kleines Verwaltungszentrum und keine Touristenstadt. Am Kai finden sich die allfälligen Souvenirhändler, bei denen man Rentierfelle und andere Dinge kaufen kann, von denen man vorher nicht wusste, dass man sie unbedingt braucht. Gutes samisches Kunsthandwerk ist hier eher selten.

Landgang
Was soll man 3,5 Stunden in Honningsvåg machen? Natürlich einen

Stadtplan Honningsvåg

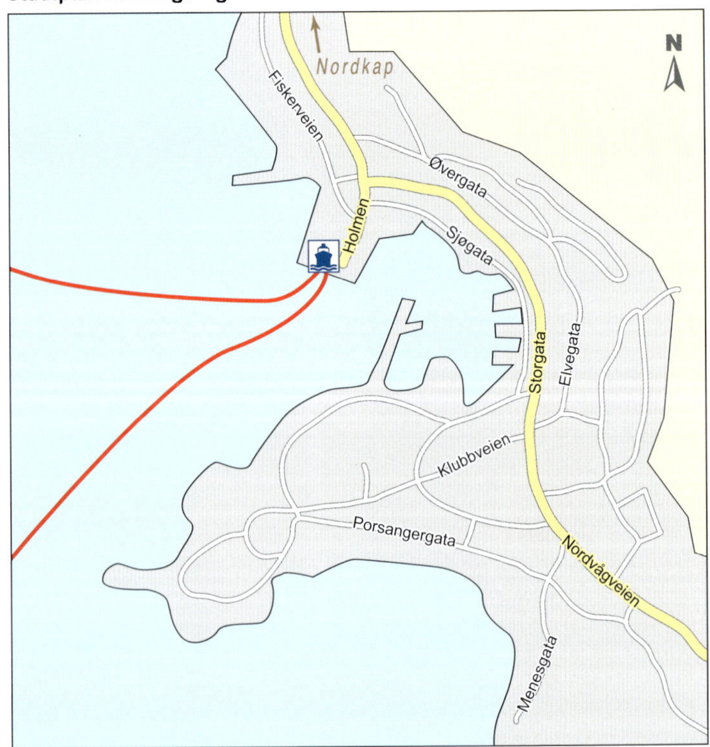

Das Dorf Kamøyvær auf der Nordkapinsel Magerøya.

Ausflug zum Nordkap, für den der Bus direkt am Schiff wartet. Wenn man noch nie dort gewesen ist, ist das Nordkap trotz der Touristenmassen beeindruckend. 307 Meter über dem Meer liegt diese Klippe und die Vorstellung, dass zwischen Nordkap und Nordpol nur noch Wasser und Eis kommen, gibt dem Ausblick Gewicht. Nirgendwo wird das Ende Europas so deutlich wie am Nordkap.

Zwar wird für die Nordkaphalle ein recht happiger Eintritt verlangt, aber wenn man schon mal hier ist, schaut keiner mehr so genau auf den Preis. Die Tradition, dass man am Nordkap ein Gläschen Champagner trinkt, lässt die Kassen erneut klingeln. Und der größte Souvenirladen nördlich des Polarkreises leert die Reisekasse weiter. Es gehört ein wenig Beherrschung dazu, am Nordkap das

Die RICHARD WITH *hat in Honningsvåg festgemacht.*

Der Höhepunkt der Reise ist für viele ein Besuch am Nordkap.

Geld beisammenzuhalten. Schönes Wetter hilft: Dann sind alle auf dem Plateau vor der Halle und genießen die Aussicht. Oft aber ziehen niedrige Wolken über den Nordkapfelsen und die Sicht tendiert gen null. Das Nordkap ist ein Ort zwiespältiger Gefühle: Es könnte großartig sein, wenn man es gerade allein entdeckt hätte.

Petri heil am Porsangerfjord.

Wenn aber 70 Busse herumstehen – und das kommt vor –, ist das einsame Erlebnis dieser grandiosen Natur nicht möglich.

Eine gute Alternative ist der Ausflug nach Gjesvær, der nur nordgehend angeboten wird. Das Fischerdorf liegt ebenfalls auf der Insel Magerøya, zieht aber nur einen Bruchteil der Besucher des Nordkaps an. Hier startet ein Bootsausflug zu einer vorgelagerten Insel, auf der eine Papageitaucherkolonie zu Hause ist. Die possierlichen Vögel sind mit ihren bunten Schnäbeln ein beliebtes Fotomotiv.

Südgehend wird das Nordkap als Frühstücksausflug angeboten. Zugestiegen wird erst wieder in Hammerfest, man kann also noch die Fahrt am Porsangerfjord entlang nach Olderfjord und dann durch das Inland nach Hammerfest genießen.

Kjøllefjord

Abfahrt nordgehend:
Tag 6, **17.00 Uhr**
Abfahrt südgehend:
Tag 8, **3.35 Uhr**

Das Schiff erreicht nun nordgehend – eigentlich nimmt es jetzt Kurs nach Osten – die Gebiete der Finnmark, in denen der Nutzen von Hurtigruten als Transportmittel augenfällig wird. Von Honningsvåg rund um den Porsangerfjord sind es über 300 Kilometer bis Kjøllefjord, also fast eine Tagesreise. Das Schiff braucht hingegen quer über den Fjord nur 2,5 Stunden. Kjøllefjord liegt am Ende einer tief eingeschnittenen Bucht. Auf der Steuerbordseite taucht eine spitze Felsformation auf. Finnkirka werden die Felsen genannt, weil sie in Form und Größe an eine Kirche erinnern. Man vermutet, dass hier einst ein samischer Opferplatz lag.

Kjøllefjord ist vermutlich seit dem 16. Jahrhundert ein Handelsplatz, die geschützte Lage am Ende der Bucht sorgt für einen natürlichen Hafen. 1685 gab es hier einen selbstständigen Kaufmann und drei Mitarbeiter, die im Auftrag Bergenser Kaufleute Handel trieben. Bis heute leben die rund 900 Einwohner hauptsächlich von Fischfang und Fischverarbeitung. Der alte Hurtigrutenkai lag im Ortszentrum, der neue befindet sich etwas außerhalb, sodass man während der kurzen Liegezeit nicht in den Ort gehen kann. Beim Anlaufen fährt das Schiff aber für das Wendemanöver nah am alten Anleger vorbei.

Landgang

Im Winter wird eine Snowmobilfahrt von Kjøllefjord nach Mehamn über das Fjell angeboten. 32 Kilometer sind es auf der Straße, die nun während des gut zweistündigen Ausflugs mit dem Snowmobil zurückgelegt werden. Bei den gelegentlich doch recht harschen Wetterbedingungen erwartet die Gäste eine kernige Tour,

Die imposante Einfahrt nach Kjøllefjord.

Der neue Anleger von Kjøllefjord liegt abseits des Ortes.

die gute Kondition erfordert. Dieser Ausflug findet von Mitte Dezember bis Mitte Mai statt, also wenn hierzulande längst der Flieder blüht. Die frühen Termine liegen noch in der Dunkelzeit, während an den letzten Terminen schon die Mitternachtssonne zu sehen ist. Die Snowmobilfahrt kann sowohl nord- als auch südgehend gebucht werden.

Mehamn

Abfahrt nordgehend:
Tag 6, **19.15 Uhr**
Abfahrt südgehend:
Tag 8, **1.30 Uhr**

Mehamn liegt wie Kjøllefjord auf der Halbinsel Nordkyn, Kjøllefjord auf der westlichen Seite, Mehamn auf der Nordseite. Eine gemeinsame Straße verbindet diese beiden Dörfer mit dem Rest der Region Finnmark. Die Hochebene, über die besagte Straße führt, weist kaum mehr als 300 Höhenmeter auf. Trotzdem wirkt sie nahezu alpin, kein Baum, kein Strauch wächst auf der von Wind umtosten Ebene. Im Winter ist die Straße oft wegen Schneeverwehungen gesperrt. Dann muss man Geduld haben. Es gibt Stellplätze, wo man auf den Schneepflug wartet. Zu festen Zeiten ist dann Kolonnenfahren hinter dem Schneepflug angesagt. Gibt es ein besseres Argument für einen ganzjährigen Liniendienst mit den Postschiffen? Nicht mehr angelaufen wird Gamvik auf der Südseite der Halbinsel, das von 1911 bis 1990 der nördlichste Hafen von Hurtigruten war. Heute leben hier noch 200 Einwohner, die über eine schmale Straße mit Mehamn verbunden sind. Die Fischfabrik geschlossen, der Postschiffanlauf eingestellt: Heute ist Gamvik mehr ein Museum als ein lebendiges Fischerdorf.

Mehamn machte 1903 Schlagzeilen: 1500 Fischer griffen die örtliche Walfangstation an. Sie waren der Ansicht, dass zu viele Wale gejagt wurden und dass deshalb der Dorsch ausblieb. Sie glaubten, dass die Walfänger ihre Existenzgrundlage

Mehamn liegt auf der Halbinsel Nordkyn.

bedrohten. Als der Besitzer der Walfangstation einem Fischerboot mit defektem Ruder untersagte, seinen Kutter in Mehamn zu reparieren, war das Maß voll. Am 3. Juni 1903 versammelten sich 300 Fischer zum Protest. Der Konflikt eskalierte: Am zweiten Tag stürmten 1500 Fischer die Walfangstation und legten sie in Trümmer. Zeitzeugen berichten, dass die Fischer alle nüchtern waren und dass nach erledigter »Arbeit« die Nationalhymne gesungen wurde. Die örtliche Obrigkeit konnte nur hilflos zuschauen.

Das Militär wurde gerufen, um die übrigen Walstationen in der Finnmark zu schützen. Elf Fischer wurden zu kurzen Haftstrafen verurteilt. Wichtiger aber war, dass durch diesen Aufruhr das Parlament in Oslo auf die Problematik aufmerksam wurde und in der Folge erstmals Fangquoten festgelegt wurden.

Molen aus Tetraedern schützen den Hafen von Berlevåg.

Berlevåg

Abfahrt nordgehend:
Tag 6, **22.10 Uhr**
Abfahrt südgehend:
Tag 7, **22.35 Uhr**

In Berlevåg begegnen sich das nord- und das südgehende Schiff vor der Einfahrt. Wieder wurde mit dem Tanafjord ein breiter Meeresarm überquert – an Land 320 Kilometer von Mehamn entfernt, auf dem Meer weniger als drei Stunden. Berlevågs wiederkehrendes Thema ist die Mole, die den Hafen vor den Unbilden des Nordmeers schützen soll. Vier Molen wurden zwischen 1910 und 1970 gebaut, die regelmäßig wieder von Stürmen zerstört wurden. Seit die lange Varnesmole 1970 fertiggestellt wurde, schützen Tetraeder aus Beton die Einfahrt nachhaltig. Über die Schönheit mag hier niemand streiten, die Tetraeder müssen effektiv schützen – und so wurden sie zum Symbol für Berlevåg.
Per Straße ist der Ort nicht immer zu erreichen. Die Küstenstraße zwischen Kongsfjord, das ebenfalls lange Jahre von Hurtigruten angelaufen wurde, und Berlevåg ist bei Sturm schwer passierbar. Da findet man schon mal ein Fischerboot auf der landseitigen Straßenseite. Sogar ein ganzer Bus wurde hier schon von der Straße geweht. Problematisch sind dabei vor allem Fallwinde, die sich schwer einschätzen lassen.

In Berlevåg können sich die Passagiere nur auf dem Kai die Füße vertreten, der Fußweg in den Ort ist zu weit. Landesweite Aufmerksamkeit bekam Berlevåg 2001 durch einen Film über den Männergesangsverein der 1100 Einwohner zählenden Gemeinde.

Båtsfjord

Abfahrt nordgehend:
Tag 7, **0.30 Uhr**
Abfahrt südgehend:
Tag 7, **20.30 Uhr**

In der Mitte zwischen Berlevåg und Båtsfjord, die beide auf dem westlichen Teil der Varanger-Halbinsel liegen, findet sich das Dorf Kongsfjord, das bis 1975 von Hurtigruten angelaufen wurde. Ehemals ein wichtiger Handelsplatz, verlor der Ort an Bedeutung, immer mehr Menschen zogen weg. 2004 schloss die örtliche Schule, weil es zu wenige Kinder gab. Die verbliebenen Kinder fahren nun ins 30 Kilometer entfernte Berlevåg.

Båtsfjord hingegen hat sich prächtig entwickelt. Mit über 2000 Einwohnern ist es einer der größeren Orte an der Finnmarkküste. Das hat vor allem mit der Fischerei zu tun: Rund 10 000 Bootsanläufe jährlich zählt der Hafen, die meisten davon sind kleine Fischkutter. Früher gab es hier auch drei Walfangstationen, die aber Eignern aus Sandefjord in Südnorwegen gehörten. Sandefjord am Oslofjord war das Zentrum des industriellen Walfangs in Norwegen, der von etwa 1850 bis zum Winter 1967/1968 betrieben wurde. Seither gibt es in Nordnorwegen nur noch den Küstenwalfang mit geringen Fangmengen und kleinen Schiffen.

Båtsfjord liegt geschützt am Ende eines schmalen Fjords.

FASZINATION NORDLICHT

Flackernde farbige Lichter illuminieren den winterlichen Himmel. Früher machte das Naturphänomen den Menschen Angst, es rankten sich Mythen um das Nordlicht. Wer dem Nordlicht winkt, den holt es sich, lernten kleine Kinder im Norden. Heute ist der Aberglauben gewichen, die Wissenschaft hat die Aurora borealis entschlüsselt, aber nicht entzaubert. Es gibt verschiedene Formen des Nordlichts: Oft beginnt es am Nachmittag mit schwachen Lichtbögen am Himmel, die sich nur wenig bewegen. Abends nimmt die Intensität zu, die Bewegungen verstärken sich. Die gleichmäßigen, bis zu 50 Kilometer breiten Bögen gehen in kräftige Strahlen über. In einer Nacht können mehrere Nordlichtausbrüche zu sehen sein, vornehmlich in der Zeit von 18 bis 22 Uhr, der Zeit der sogenannten magnetischen Mitternacht. Das Nordlicht ist an keine Jahreszeit gebunden, aber nur bei Dunkelheit zu sehen. Deshalb glauben viele Menschen, das Nordlicht käme nur im Winter vor.

Der Schwede Anders Celsius (1701 bis 1744) stellte als Erster fest, dass es einen Zusammenhang zwischen dem Nordlicht, magnetischen Störungen und der Aktivität der Sonne gibt.

Mit den Arbeiten des norwegischen Physikers Kristian Birkeland, die zwischen 1898 und 1913 erschienen, begann die moderne Nordlichtforschung. Ursache des Nordlichts sind die sogenannten Sonnenwinde, ein Strom von Partikeln, den die Sonne freisetzt. Diese Partikel dringen an beiden Polen in die Erdatmosphäre ein, wo die magnetische Abschirmung am schwächsten ist. Wenn die energiereichen Elektronen und Protonen in der Erdatmosphäre mit neutralen Gaspartikeln kollidieren, wird das Gas ionisiert und in einen weniger stabilen Zustand gebracht, sodass es die zugeführte Energie in Form von Licht abgibt. Die unterschiedlichen Farben des Nordlichts hängen von der zugeführten Energiemenge und von der Dichte der atmosphärischen Gase ab. Das Nordlicht wird unter anderem an der Universität Tromsø erforscht, auch im nordschwedischen Kiruna gibt es eine Forschungsstation.

Nordlicht kann in vielen verschiedenen Farben vorkommen.

Die TROLLFJORD *erreicht den Hafen von Vardø.*

Vardø

Abfahrt nordgehend:
Tag 7, **3.45 Uhr**
Aufenthalt südgehend:
Tag 7, **16.05 bis 17.00 Uhr**

Der östlichste Punkt der Reise ist in Vardø erreicht. Kaum zu glauben, aber Vardø liegt weiter östlich als Istanbul. Über einen kurzen Autotunnel ist die Stadt auf der Insel mit dem Festland der Varanger-Halbinsel verbunden. Eigentlich müsste Vardø eine andere Zeitzone haben und ähnlich wie Finnland die Osteuropäische Zeit (OEZ) einführen. Vardø liegt 20 Grad östlich von Oslo, der rechnerische Zeitunterschied beträgt eine Stunde und 20 Minuten. Vardø zählt zu den ältesten Sied-

Büste des niederländischen Entdeckers Willem Barents in Vardø.

Stadtplan Vardø

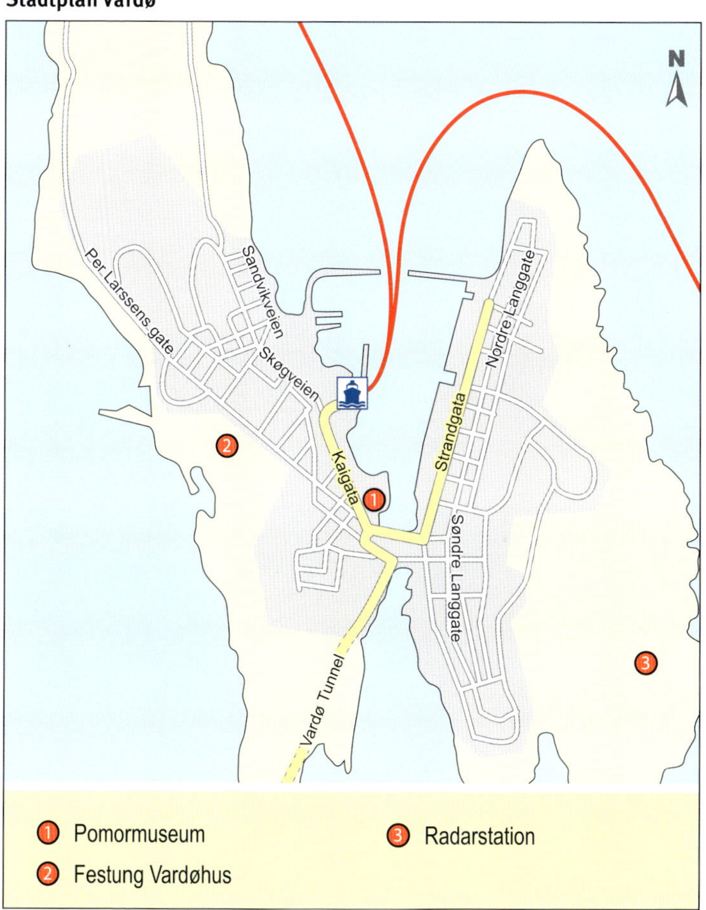

lungen Norwegens: Bereits im 13. Jahrhundert ließ König Håkon V. Magnusson hier eine Festung errichten, um die Besitzansprüche Norwegens zu untermauern. Bis heute ist die Festung Vardøhus erhalten, die im Lauf der Jahrhunderte immer wieder umgebaut wurde. So stammen die Wallanlagen aus den Jahren 1734 bis 1738. Vardøhus untersteht militärisch der Festung Akershus in Oslo, ein Kommandant und vier Wehrpflichtige leisten Dienst auf diesem Außenposten. In erster Linie aber ist die Vardøhus eine touristische Attraktion. Beim südgehenden Schiff stehen oft zwei Mitglieder des Freundeskreises der Festung in historischen Uniformen am Hurtigrutenkai und erwarten die Gäste, die sie mit auf einen kurzen Spaziergang zur Burg nehmen. Dies ist kein offizieller Landausflug von Hurtigruten, sondern wird durch örtliche Enthusiasten organisiert. Durch die (moderaten) Eintrittsgelder tragen die Touristen aus aller Welt dazu bei, die Festung zu erhalten.

In der Festung Vardøhus.

DER POMORHANDEL MIT RUSSLAND

Händler aus Novgorod errichteten schon früh Handelsstationen an der Küste der Kola-Halbinsel, vor allem am Weißen Meer. Die Siedler, die sich im 12. und 13. Jahrhundert dort niederließen, werden als Pomoren bezeichnet. Sie unterhielten Beziehungen, die im Osten bis zum Ural reichten, im Westen bis nach Bodø. Früh begann ein Handel zwischen den russischen und norwegischen Küstenbewohnern im Norden. Korn gegen Fisch, Felle gegen Salz, der sogenannte Pomorhandel erreichte in den Jahren 1740 bis 1917 seinen Höhepunkt. Beide Seiten profitierten von den Tauschgeschäften, doch die russische Revolution setzte dem Handel ein Ende.

1789 erhielten Vardø und Hammerfest gleichzeitig das Stadtrecht, sie profitierten besonders vom Pomorhandel. Während der englischen Handelsblockade gegen Dänemark-Norwegen in den Napoleonischen Kriegen erlangte der Pomorhandel eine landesweite Bedeutung für Norwegen.

Ende des 19. Jahrhunderts kamen jedes Jahr rund 300 Pomorschiffe mit 2000 Mann Besatzung nach Nordnorwegen. Die Händler beider Seiten sprachen eine gemeinsame Sprache, die sich überwiegend aus norwegischen und russischen Wörtern zusammensetzte, aber auch samische, englische, deutsche und niederländische Begriffe aufnahm. Die Sprache ist ausgestorben, aber es gibt schriftliche Aufzeichnungen. Die Norweger glaubten, sie sprächen russisch, die Russen glaubten, sie würden norwegisch sprechen. Als immer öfter norwegische Bürger ihre Kinder zum Studium nach Archangelsk schickten, wurde das »Russenorsk« verdrängt. In Vardø gibt es ein kleines Museum, das sich dem Pomorhandel widmet.

Vadsø

Abfahrt nordgehend:
Tag 7, **7.10 Uhr**
Südgehend:
kein Anlauf

Vadsø wird nur nordgehend angelaufen, wobei die Richtungsangabe hier nun gar nicht mehr stimmt: Um von Vardø nach Vadsø zu gelangen, muss das Schiff einen südwestlichen Kurs in den breiten Varangerfjord hinein einschlagen. Auf der Rückreise fährt das Schiff von Kirkenes direkt nach Vardø. Gäste, die von Vadsø aus nach Süden fahren wollen, müssen den Aufenthalt in Kirkenes in Kauf nehmen.

Vadsø ist eine lang gezogene Stadt. Eine flache Insel im Varangerfjord ist über eine Brücke mit der Stadt

Der Luftschiffmast von Vadsø.

Plakette für Amundsen und Nobile.

verbunden. Ein unscheinbarer stählerner Mast hat hier Geschichte geschrieben: An diesem Mast machte im Mai 1926 das Luftschiff Norge fest, mit dem Roald Amundsen und Umberto Nobile als Erste den Nordpol überfliegen wollten. Amundsen genoss in Norwegen den Status eines Nationalhelden, der wie Nansen für die junge Nation nach dem Erreichen ihrer Selbstständigkeit 1905 eine der Identifikationsfiguren war. Amundsen und Nobile flogen von Vadsø weiter nach Spitzbergen und überquerten auf ihrem Weg nach Nome in Alaska den Nordpol. Zwar hatte der US-Amerikaner Byrd behauptet, wenige Tage zuvor mit seinem Flugzeug den Pol umkreist zu haben, doch konnte er dies nie beweisen. 70 Stunden dauerte der Flug von Spitzbergen nach Alaska 1926.

Da der wissenschaftliche Wert der ersten Expedition eher gering war, startete Nobile 1928 zu einer zweiten Polarexpedition mit seinem neuen

Luftschiff Italia. Nobile stürzte im Eismeer ab, das Luftschiff ging verloren. Auf der Suche nach Nobile ist Roald Amundsen ums Leben gekommen. Sein Flugzeug stürzte im Juni 1928 nahe der Bäreninsel ab. Trotz einer groß angelegten Suchaktion der norwegischen Marine mit modernen Mitteln in den Jahren 2008 und 2009 wurde das Wrack nie gefunden. Aber in Vadsø steht noch der Luftschiffmast, an dem die beiden Zeppeline 1926 und 1928 festmachten.

Kirkenes

Ankunft nordgehend:
Tag 7, **9.00 Uhr**
Abfahrt südgehend:
Tag 7, **12.30 Uhr**

Der nordöstliche Wendepunkt der Reise ist erreicht: Kirkenes. Von der Stadt sehen die Gäste wenig, wenn sie an Bord bleiben, denn der Anleger befindet sich außerhalb des Zentrums. Kirkenes ist geprägt durch die Erzgruben, die früher bis zu 1500 Menschen beschäftigten. 1996 kam der Erzabbau zum Erliegen; es gibt aber Versuche, den Tagebau von Eisenerz wieder aufzunehmen. Jedoch wurden diese Pläne aufgrund der Finanzkrise 2009 verschoben.
Viele Straßenschilder in Kirkenes sind sowohl mit lateinischen als auch kyrillischen Buchstaben beschriftet, denn seit Ende der Sowjetunion hat der norwegisch-russische Handel im Norden wieder Fahrt aufgenommen. 1993 entstand auf Initiative des damaligen Außenministers Thorvald Stoltenberg die sogenannte Kirkenes-Erklärung zur Zusammenarbeit in der Barentssee. Kirkenes wurde Sitz des internationalen Barents-

Der Fang von Königskrabben erfolgt in großen Körben.

Stadtplan Kirkenes

Sekretariats. Jens Stoltenberg blieb es als norwegischem Staatsminister vorbehalten, am 27. April 2010 die Arbeit seines Vaters fortzuführen: Stoltenberg und der russische Präsident Medwedew unterzeichneten ein Abkommen, das ungelöste Fragen der Grenzziehung im Meer klärte. Der Personenverkehr nach Murmansk wurde leichter, beim Warenverkehr sind sich beide Seiten einig, dass er noch einfacher werden muss.

Der Ukrainekrieg hat die Beziehungen zwischen Norwegen und Russland jedoch stark belastet, weshalb derzeit keine Ausflüge nach Murmansk mehr möglich sind. Auch die Landausflüge in Kirkenes sind vom Krieg betroffen. Der beliebte Ausflug an die norwegisch-russische Grenze nach Storskog ist ebenso ausgesetzt wie die schöne Bootsfahrt auf dem Fluss Pasvikelva, da in dem Gewässer die Staatsgrenze verläuft.

So ist Kirkenes aktuell nur der Wendepunkt der Postschiffe und für alle, die eine halbe Rundreise zwischen Bergen und Kirkenes gebucht haben, der Anfangs- oder Endpunkt ihrer Reise.

DIE SAMEN

Die Samen sind die Urbevölkerung Lapplands. Ihr Siedlungsraum erstreckt sich über das Staatsgebiet von Russland, Finnland, Schweden und Norwegen – überwiegend nördlich des Polarkreises. Samisch ist eine eigene Sprache, die sich aber aus vielfältigen Dialekten zusammensetzt. Zwischen 50 000 und 80 000 Samen leben in Lappland, schätzen samische Organisationen, etwa ein Drittel davon spricht noch Samisch. Sápmi heißt das Siedlungsgebiet auf Samisch, die Samen haben sogar eine eigene Fahne.

Nach Jahrhunderten der Unterdrückung und Norwegisierung ist Samisch heute eine offizielle Sprache in Norwegen, in Nordnorwegen müssen Amtshandlungen auch auf Samisch erfolgen können.

Die Anerkennung als Minderheit haben sich die Samen in den 1970er-Jahren erstritten. Damals wurden in Norwegen die Pläne zum Bau des Staudamms am Fluss Altaelva kritisch bewertet. In einem Akt zivilen Ungehorsams wurde die Baustelle 1979 blockiert, was zu einem massiven Polizeieinsatz mit 600 Polizisten aus ganz Norwegen führte. Der Widerstand kam sowohl von Umweltorganisationen als auch von samischer Seite. 1982 war dann jedoch klar, dass der Staudamm gebaut würde, die Widerstandsbewegung löste sich auf. Die Rechte der Samen waren bereits nach dem Zweiten Weltkrieg Thema in Norwegen, da die Assimilierungspolitik des 19. Jahrhunderts mittlerweile ausgedient hatte. Aber erst die Auseinandersetzungen um den Alta-Staudamm führten dazu, dass auch das Recht auf Landbesitz sowie das Recht auf Landnutzung durch die Samen neu diskutiert wurden. 1987 wurde das Samengesetz verabschiedet, das die Grundlage für ein eigenes samisches Parlament bildet, das Sameting. Die Rechte der Samen wurden in der norwegischen Verfassung festgeschrieben. Die erste Wahl zum Sameting fand 1989 statt. Es hat seinen Sitz in Karasjok in der Region Finnmark.

Eine Erdhütte, wie sie von Seesamen genutzt wurde.

Ehrenamtliche Freunde der Festung Vardøhus warten in Vardø auf Gäste.

MS HAVILA CAPELLA

Erster Einsatz für Havila Kystruten:	12. Dezember 2021
Werft:	Tersan, Tavsanli, Türkei
Länge:	124,00 Meter
Breite:	22,0 Meter
Passagiere:	640
Autostellplätze:	9

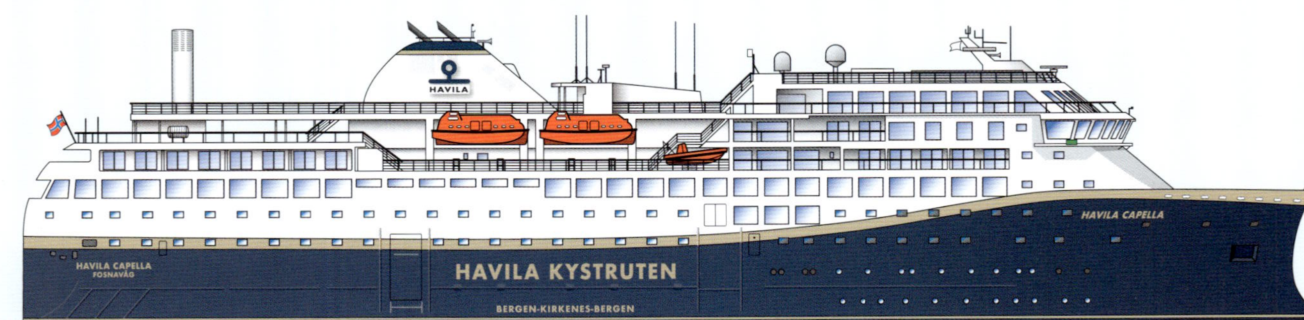

MS HAVILA CASTOR

Erster Einsatz für Havila Kystruten:	10. Mai 2022
Werft:	Tersan, Tavsanli, Türkei
Länge:	124,00 Meter
Breite:	22,0 Meter
Passagiere:	640
Autostellplätze:	9

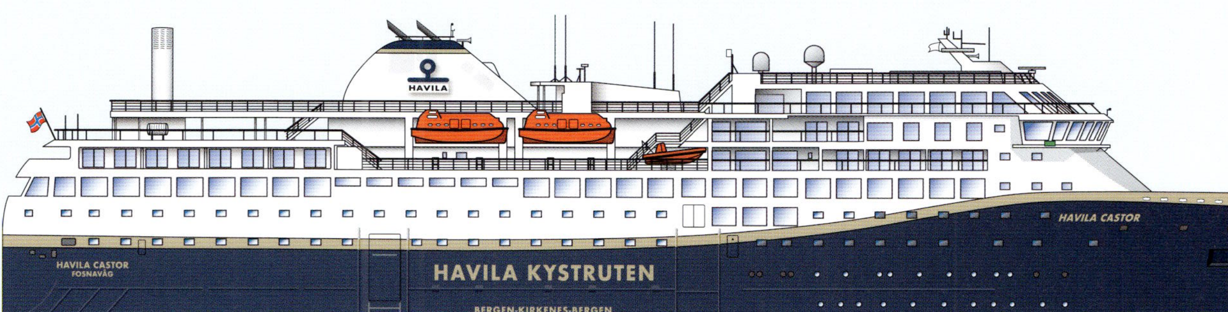

MS HAVILA POLARIS

Erster Einsatz für Havila Kystruten:	17. August 2023
Werft:	Tersan, Tavsanli, Türkei
Länge:	124,00 Meter
Breite:	22,0 Meter
Passagiere:	640
Autostellplätze:	9

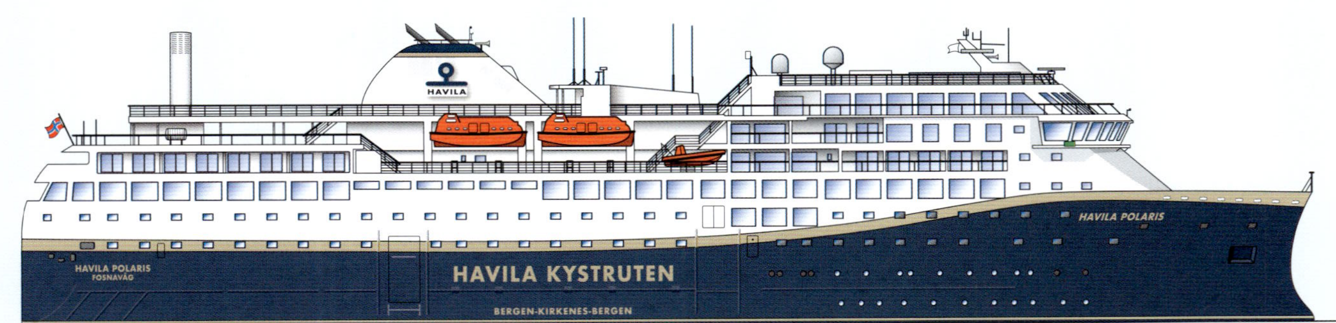

MS HAVILA POLLUX

Erster Einsatz für Havila Kystruten:	23. August 2023
Werft:	Tersan, Tavsanli, Türkei
Länge:	124,00 Meter
Breite:	22,0 Meter
Passagiere:	640
Autostellplätze:	9

MS KONG HARALD

Erster Einsatz für Hurtigruten:	6. Juli 1993
Ersatz für:	MS POLARLYS (1952)
Werft:	Volkswerft Stralsund
Länge:	121,80 Meter
Breite:	19,20 Meter
Passagiere:	590
Autostellplätze:	35

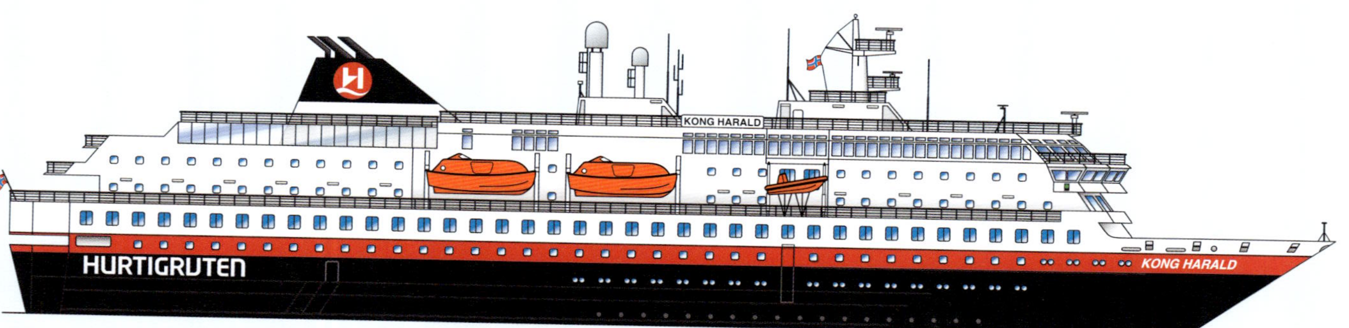

MS NORDKAPP

Erster Einsatz für Hurtigruten:	2. April 1996
Ersatz für:	MS NORDNORGE (1964)
Werft:	Kværner Kleven Verft, Ulsteinvik
Länge:	123,30 Meter
Breite:	19,50 Meter
Passagiere:	590
Autostellplätze:	35

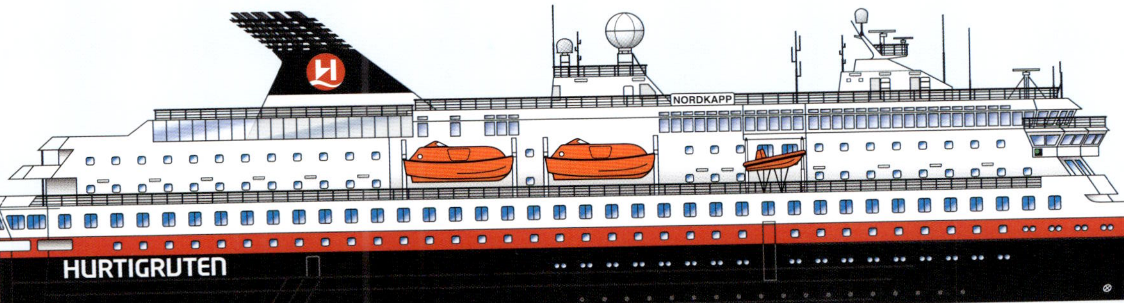

MS NORDLYS

Erster Einsatz für Hurtigruten:	4. April 1994
Ersatz für:	MS NORDSTJERNEN (1956)
Werft:	Volkswerft Stralsund
Länge:	121,80 Meter
Breite:	19,20 Meter
Passagiere:	590
Autostellplätze:	35

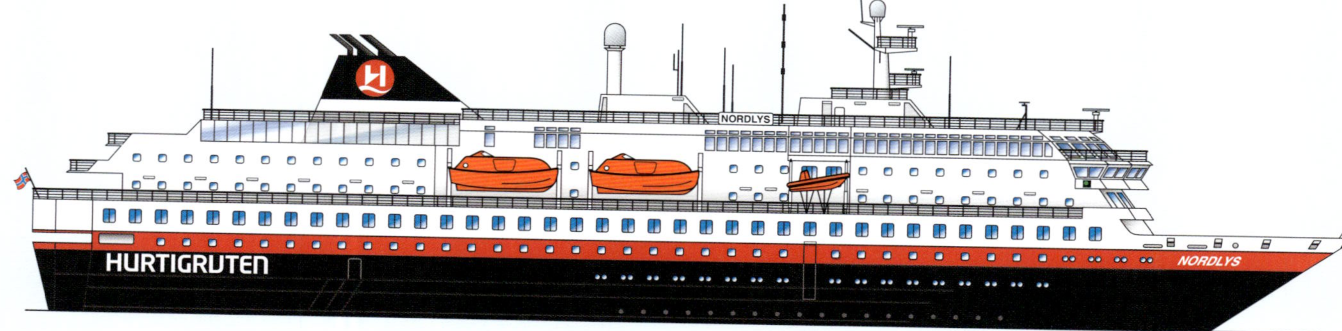

MS NORDNORGE

Erster Einsatz für Hurtigruten:	29. April 1997
Ersatz für:	MS KONG OLAV (1964)
Werft:	Kværner Kleven Verft, Ulsteinvik
Länge:	123,30 Meter
Breite:	19,50 Meter
Passagiere:	590
Autostellplätze:	35

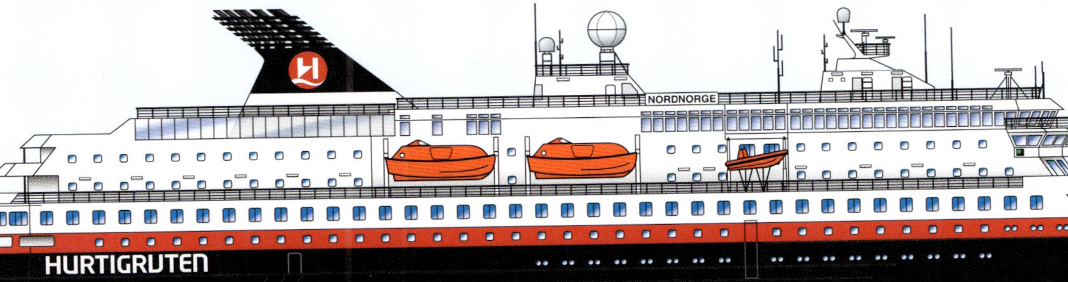

MS POLARLYS

Erster Einsatz für Hurtigruten:	17. April 1996
Ersatz für:	MS NORDSTJERNEN (1956)
Werft:	Ulstein Verft, Ulsteinvik
Länge:	123,00 Meter
Breite:	19,50 Meter
Passagiere:	590
Autostellplätze:	30

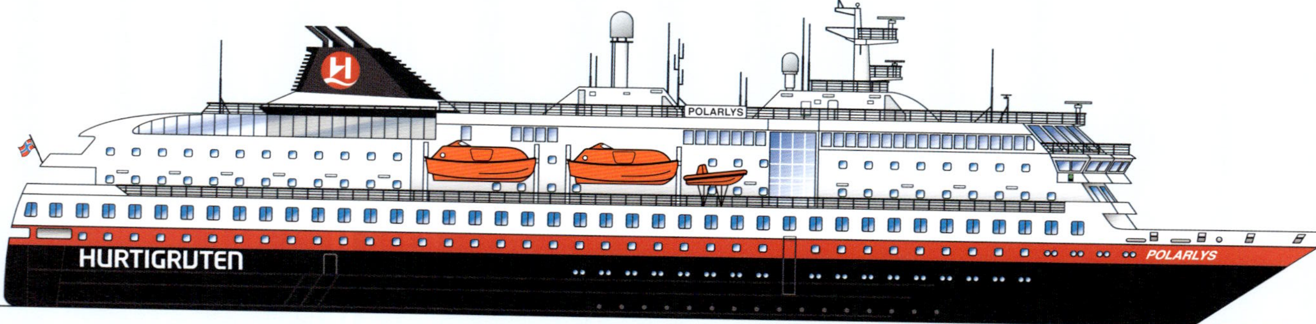

MS RICHARD WITH

Erster Einsatz für Hurtigruten:	20. Dezember 1993
Ersatz für:	MS FINNMARKEN (1956)
Werft:	Volkswerft Stralsund
Länge:	121,80 Meter
Breite:	19,20 Meter
Passagiere:	590
Autostellplätze:	35

MS VESTERÅLEN

Erster Einsatz für Hurtigruten:	17. Februar 1983
Ersatz für:	MS VESTERÅLEN (1950)
Werft:	Kaarbø Mekaniske Verksted, Harstad
Länge:	108,00 Meter
Breite:	16,50 Meter
Passagiere:	516
Autostellplätze:	24

MS MAUD (ex MS MIDNATSOL)

Erster Einsatz für Hurtigruten:	15. April 2003
Ersatz für:	MS MIDNATSOL (1982)
Werft:	Fosen Mekaniske Verksteder, Rissa
Länge:	135,75 Meter
Breite:	21,50 Meter
Passagiere:	570
Autostellplätze:	35

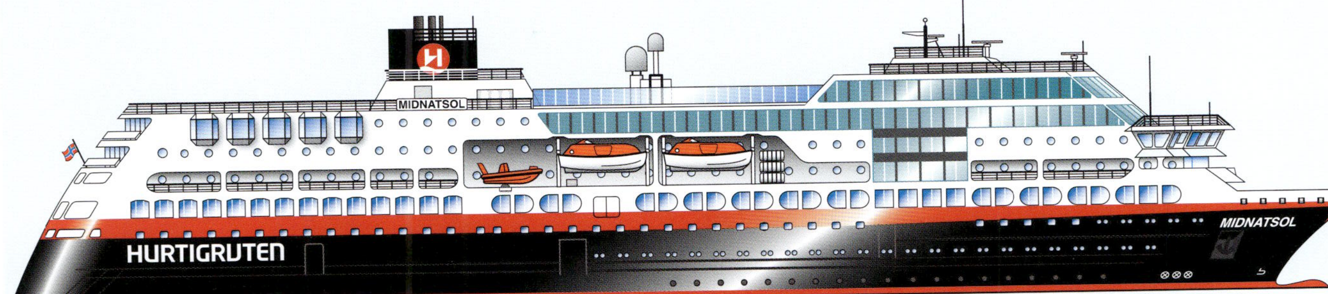

MS NORDSTJERNEN

Erster Einsatz für Hurtigruten:	1. März 1956
Ersatz für:	MS NORDSTJERNEN (1937)
Werft:	Blohm & Voss, Hamburg
Länge:	80,77 Meter
Breite:	12,60 Meter
Passagiere:	104
Autostellplätze:	keine (früher 4 an Deck)

MS OTTO SVERDRUP (ex MS FINNMARKEN)

Erster Einsatz für Hurtigruten:	20. April 2002
Ersatz für:	MS LOFOTEN (1964)
Werft:	Kværner Kleven Werft, Ulsteinvik
Länge:	138,50 Meter
Breite:	21,50 Meter
Passagiere:	530
Autostellplätze:	35

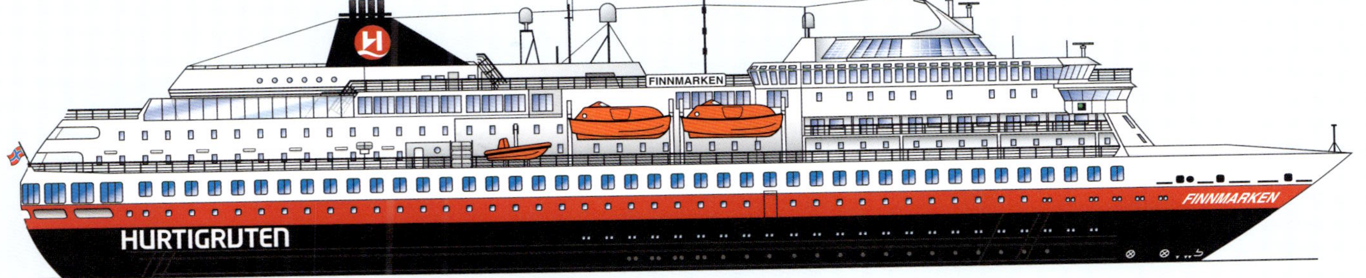

MS TROLLFJORD

Erster Einsatz für Hurtigruten:	18. Mai 2002
Ersatz für:	MS HARALD JARL (1960)
Werft:	Fosen Mekaniske Verksteder, Rissa
Länge:	135,75 Meter
Breite:	21,50 Meter
Passagiere:	500
Autostellplätze:	35

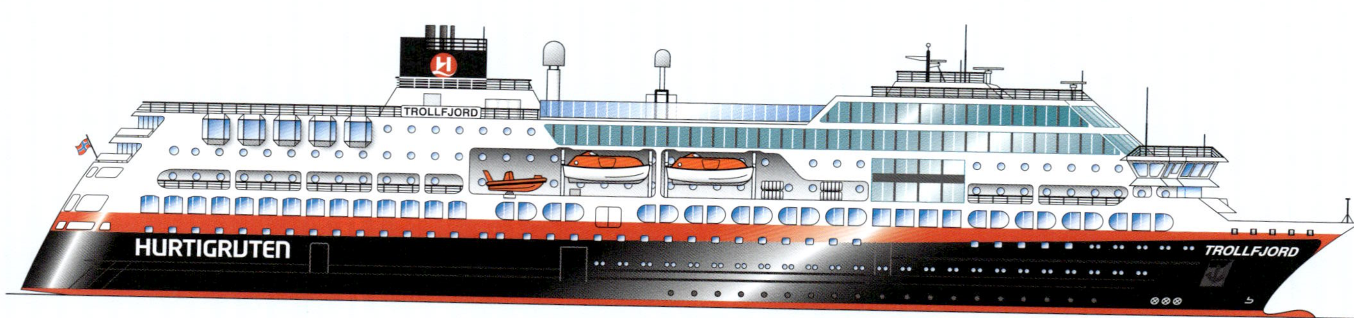

MS SPITSBERGEN

Erster Einsatz für Hurtigruten:	21. Juni 2016
Werft:	ENVC (Portugal) / Fosen Yard Rissa
Länge:	100,54 Meter
Breite:	18,00 Meter
Passagiere:	335
Autostellplätze:	keine

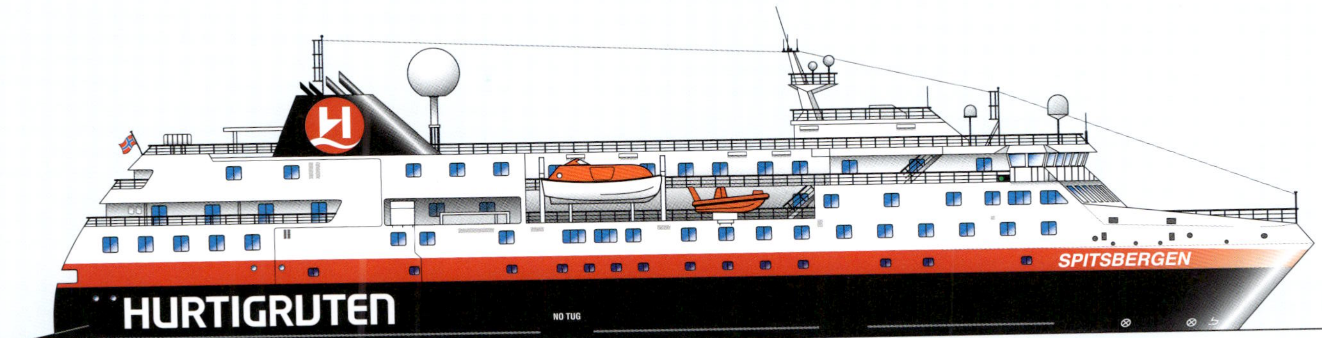

Ortsregister

LESEN UND

Claudia Clawien, Jonathan Buttmann

Sieben Farben Blau

Siebenjährige Weltreise auf dem Segelboot: Von unvergesslichen Begegnungen und klammen Kassen

ISBN 978-3-667-12769-3

Jessica Watson

True Spirit

Jessica Watson umsegelt mit 16 Jahren allein die Welt – solo mit der Pink Lady

ISBN 978-3-667-12660-3

Charlotte Gawell, Patrik Engström

Hike Stockholm

Die schönsten Wanderrouten rund um die Metropole

ISBN 978-3-667-12959-8

Andrea Hoffmann, Hans Zaglitsch

Hausbooturlaub Canal du midi

Mit dem Hausboot in Frankreich auf einem 300 Jahre alten Kanal unterwegs

ISBN 978-3-667-12065-6

shop.delius-klasing.de

... ENTDECKEN

Sebastian Junge
Maritime Monumente
23 besondere Bauwerke am Wasser und ihre Geschichte
ISBN 978-3-667-12850-8

Christian Irrgang
Fish 'n' Ships
Ein Sommer-Segeltörn von der Ostsee zu den Britischen Inseln
ISBN 978-3-667-12697-9

Ulrike Fach-Vierth (Hrsg.)
Abenteuer Heimat
Inspirierender Reiseführer für Kurztrips in Deutschland
ISBN 978-3-667-12651-1

Wilfried Erdmann
Die skandinavische Acht
Deutschlands bekanntester Segler segelte mit der Kathena X und seiner Frau Astrid einen Sommer in der Ostsee.
ISBN 978-3-667-10626-1